われわれが語ることはあくまで一つの説である。
この世のタブーに触れているがゆえ、
信じがたい内容もあるだろうが、
逃れることはできない。
さあ、「禁忌」の向こう側を見に行こう。

プロローグ

この本を読んではいけない

この世には、〃してはいけないこと〃が溢れている。

入ってはいけない土地
使ってはいけないテクノロジー
踏み入れてはいけないビジネス
食べてはいけない食品
飲んではいけない水
アクセスしてはいけないサイト
インストールしてはいけないアプリ
家に入れてはいけないＡＩ
開発してはいけない土地
信じてはいけない世論
受け入れてはいけない常識
祈ってはいけない神

近づいてはいけない国
歴史を知ってはいけない政党
知ってはいけない秘密結社

一つでも知ったり、触れたりしたら、元の生活には戻れない。

「何を大袈裟な」と思っただろうか？

これは、われわれ都市伝説ＹｏｕＴｕｂｅｒ・ウマヅラビデオが国内外の報道・研究やさまざまな独自ルートから集めてきた真実だ。


この世界には、「タブー」が数えきれないほどある。

その中でも、本書では確実にあなたの価値観を揺さぶるものを厳選して執筆した。

どれも〝普通に〟生きているあなたに関係のあるタブーばかりである。
今後も普通の人生を歩みたいなら、今すぐこの本を閉じてもらって構わない。
覚悟ができた者は、タブーの深淵を一緒に覗く旅に出よう。

なお、本書はこれまでの著作同様にメンバー3人が一つの人格となって執筆していることを断っておく。

禁《タブー》

ウマヅラビデオ

目次

プロローグ　この本を読んではいけない……2

第1章　禁足地──足を踏み入れたら最期の地

決して足を踏み入れてはいけない島「北センチネル島」
6万年間立ち入り禁止の禁足の島……18
元凶は19世紀の悲劇……22
禁足地と化してからも終わらない悲劇……25
ついに起こってしまった「センチネル族絶滅運動」……27

風評被害で生まれた禁足地・犬鳴村
「この先、日本国憲法は通じません。」……30
人々の〝悪意〟が禁足地を生み出した……33

戦前から現代まで尾を引く〝ある実験〟
満州で行われていた極秘の人体実験……38
なぜ、人体実験の証拠が出てこないのか……40
厳重に守られている真の禁足地と、周辺にある違和感……43

都内最恐の心霊スポット・レポート……46
証拠があるのに戦前のタブーがタブーであり続ける恐怖の仕組み……50

世界トップレベルの機密情報が眠るバチカン使徒文書館
全長85kmの規格外の本棚……53
世界で最も情報が集まるバチカンの情報操作術……56
ローマ教皇生前退位に隠された驚愕の真実とは？……63

第2章 科学・発明――この世から消された作ってはならなかった技術たち

利権に潰されたニコラ・テスラのフリーエネルギー
一時は資金を得たフリーエネルギー開発……70
フリーエネルギーが普及すると損をする者たち……73
不自然なほどに繋がるタイタニック号沈没とFRB創設……75

水で走る車、アルコールで走る車、波動医療……石油利権で潰された超技術
完成するも、莫大な金額の取引を辞退していた「水で走る自動車」……84
20世紀の禁酒法に隠された裏の意図……88

石油は本当に有限なのか？ 91
あらゆる病気を消す波動医療がなぜ普及しないのか 94

なぜ、革新的な技術が封じられるのか？
STAP細胞騒動とドイツ、アメリカで再現に成功したSTAP現象 99
夢の技術STAP細胞が普及すると不都合な人たち 102
製薬業界の衝撃のルーツ 106

第3章 食——あなたの口にも入っている食べてはいけない劇物

心身に支障をきたす身の回りにある添加物
グルタミン酸ナトリウムとグルタミン酸は、まったくの別物である 114
海外では表記が当たり前、一方日本は…… 119
健康志向とは裏腹にリスクだらけの人工甘味料の実態 122

なぜ、安全ではないとわかっている添加物がなくならないのか？
有害だとわかっていながら承認されたアスパルテーム 127
アスパルテームの語源でひもとく支配の構造 130

〝環境に優しい〟除草剤と大麻合法化 132
規制の差には食料自給率も関係あり？ 139

命を繋ぐ水に危機が迫る根本的な構造
流出してしまった〝永遠の化学物質〟 144
フッ素の安全性を主張したマンハッタンプロジェクトの科学者 149
食を巡る「安全」「推奨」のキャンペーンに要注意 154

第4章 インターネット・AI──世界中に張り巡らされている身近すぎる闇

ダークウェブと仕掛けられたバックドア
拳銃、臓器、人身売買……実在する闇のネット「ダークウェブ」体験記 160
ごく身近に潜む誘拐の手法 165
全世界を監視するバックドア 170
マイクロソフトの隠しオフィスが噂される超重要な場所 172
10億人がスパイに？ 中国の国家情報法 175
カタールワールドカップで実装済み！ 驚異の監視テクノロジー 177

日本のAI侵攻は地方から始まっている

高齢者の見守り用ツールとして導入が進むスマートスピーカー……181
スマートスピーカーは技術上ほぼ確実に乗っ取ることができる……183
山火事、15分都市構想、スマートシティ……進む支配への布石……187
山にソーラーパネル、神社に電波塔　テクノロジーで壊される信仰の地……190

ついに判明QアノンのAI黒幕

アノニマスが暴露したQアノンとAIの関係……194
世界の分断を生み出したAIによる壮大な〝実験〟……197
陰謀論のターゲットにされる人の特徴……200

「X」に隠された人類の終着地点

スターリンク衛星から読み解く日本の危機……203
「トランスヒューマニズム」はとてつもない期間構想されてきた計画だった……206
世界の「常識」が生まれた知られざる背景……211
イルミナティ亡き後も受け継がれ続けた「イルミナティ思想」……214
シンボルとしての「X」……215
Xとキューブは表裏一体の関係……221
マイクロチップが埋め込まれるタイミング……224

第5章 神道・皇室――祈ってはいけない神

神道に潜む闇 すり替えられた信仰

なぜ、アマテラスが最高神とされているのか …… 230
神話は権力者に利用される …… 234
日本神話は世界で起きていた!? メソポタミア起源説 …… 237
出雲の地に眠るかつての神道の姿 …… 244
徹底的に追いやられる国津神 …… 250

造られた首都東京 その〝目的〟

鉄の結界から読み解く東京の陰陽 …… 253
風水と東京の都市設計の密接な繋がり …… 255
スカイツリー建設によって完成した東京の結界 …… 260
風水重視の徳川家康から続く「東京」という都市の正体 …… 261

第6章 政治――知ってはいけない、この国とあの国を作った者たち

日本の政権は、CIAのもの?

満州国建国の裏にユダヤ(アヘン)マネーの流れあり …… 268

巨大な権力を持つ貴族の介入……270
CIA、モサド、名だたる諜報機関を設立したアイゼンバーグの手腕……275
国内最大の広告代理店の知られざる影の歴史……276
日本で進んでいた第二のイスラエル計画……278
事実上の一党独裁・自民党の表では語られない創設秘話……280
現代まで続くアイゼンバーグの築いた権力基盤の影響……282

絶対に報道されない北朝鮮建国の秘密

意図的に作られた国 北朝鮮……287
日本のダミー国家・北朝鮮……291
日本のアメリカへの復讐が成功した!?……295
パラレルワールド大日本帝国……300

世界のシナリオはどのように〝降りてくる〟のか

ビルダーバーグ会議の上にある〝評議会〟……302
ビルダーバーグでコンセプトを作り、シンクタンクが実行を計画する……307
大衆への刷り込みは芸術や音楽、スピリチュアルから始まる……309
国を持っていないからこそできる権力者の横暴……311
闇の権力のルーツはキリスト存命中まで遡る……314

第7章 秘密結社——知ってはいけない時空を超越する超権力の正体

都市伝説の定番フリーメイソン、イルミナティの本当の姿と誰も触れないタブー

イルミナティは一つではない……322
「グレートリセット」の根本に隠れたイルミナティ思想……326
偶然判明したイルミナティの革命計画……328
フリーメイソンの誤解はなぜ広まってしまったのか？……332
常人とは異なる〝支配者の時間感覚〟……338
狙われた日本人の血筋……340

エピローグ　人類はなぜ、タブーを生み出したのか……345

※本書で紹介する内容は、著者独自のルートからまとめた都市伝説であり、実際に起きていることとは限りません。内容には諸説ございます。

装丁　井上新八
本文デザイン　岡部夏実（Isshiki）
DTP　さかがわまな（Isshiki）

画像　iStock.com/egal、TopFoto/アフロ、yumiko / PIXTA（ピクスタ）、イメージマート
校正　ペーパーハウス
編集協力　こざきゆう
編集　尾澤佑紀（サンマーク出版）

第1章

禁足地

足を踏み入れたら最期の地

決して足を踏み入れてはいけない島「北センチネル島」

▼6万年間立ち入り禁止の禁足の島

都市伝説には、さまざまなタブーがある。
見てはいけない、知ってはいけない、触れてはいけない、話してはいけない……。
そんなタブーの中でも「ウマヅラビデオの原点」になっているものがある。
それが、「北センチネル島」だ。
都市伝説ファンの間ではよく知られている〝行ったら死ぬ〟禁足の島である。

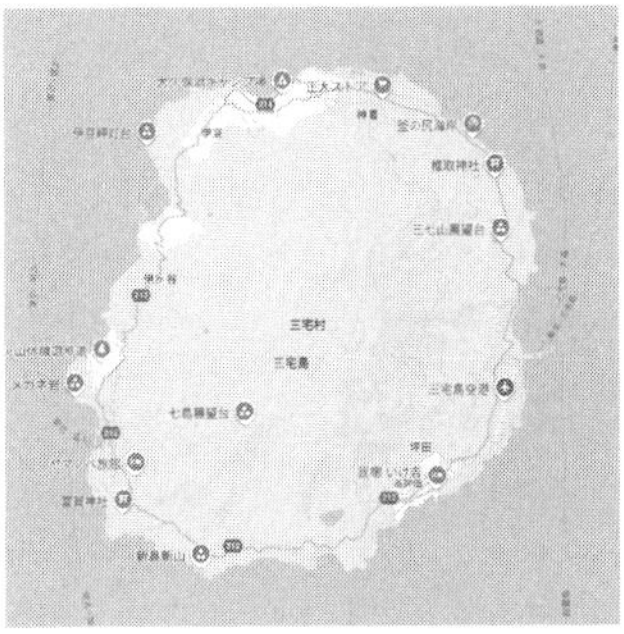

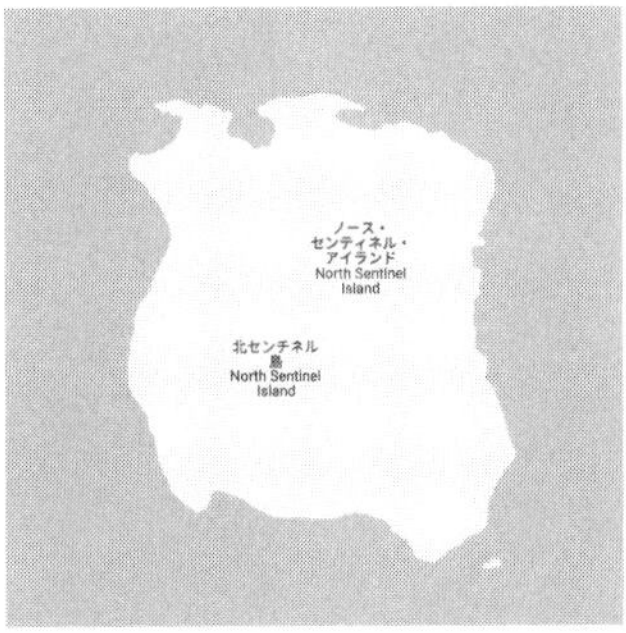

２０１８年にわれわれのメインチャンネルで取り上げてから、動画[※1]は繰り返し再生され、５７０万回再生（２０２４年８月時点）まで伸びているのだ。

われわれが都市伝説ＹｏｕＴｕｂｅｒとして飛躍を遂げるきっかけになったこの島について、動画では触れていない情報も交えて切り込むとしよう。

いきなりだが、上の2枚の画像を見ていただこう。

これは、Googleマップで検索した北センチネル島と面積が同程度の、伊豆諸島に位置する三宅島の地図である。どちらが北センチネル島の地図かは、一目瞭然だろう。

そう、ほとんど情報が表示されていない右の地図

※1　https://www.youtube.com/watch?v=C1vbUE5fTgE

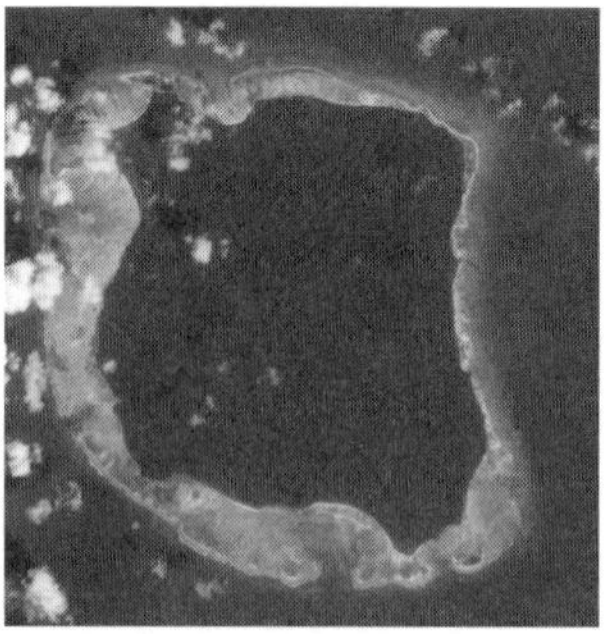

NASA 2004年12月26日撮影

が、北センチネル島である。
世界のありとあらゆる国・地域の情報を集めているGoogleでさえ、正確な情報を持たない地、それが北センチネル島なのだ。

北センチネル島は、インド領アンダマン・ニコバル諸島南西部に位置している。ベンガル湾の真ん中より少し右側という位置で、かなり大雑把にいえば、インドの離島くらいに考えてもらっていいだろう。

2004年にNASAが撮影した航空写真を見てもわかるとおり、表面上は自然豊かな島であり、とりたてて特別なところはない。だが、この島は

〝特別〟なのだ。

なぜなら、**6万年もの間、立ち入りが禁止されている**からだ。

では、なにゆえ入ってはならないのか。

ここには、**現代文明とは隔絶された世界**があるからだ。

この島には、センチネル族という先住民がいて、人数は２５０人程度と見られている。ただし、いつ、どのように調べられたデータで、現在までの増減がどれくらいあったのかは把握されていない。

また、センチネル族はセンチネル語と呼ばれる言語を使うが、どんな言語体系なのか詳しいことは不明だ。

食生活は、島を撮影した画像からの推測だが、基本的には石器時代と同等の生活を現代でも続けているようだ。自然に育った果実、野菜、豚、トカゲなどを採集して食べている。魚を釣ることはあっても、農耕などは行っていない。

また、文明そのものは石器時代と同等ながら、鉄などの金属の概念は理解しており、金属加工の技術も持っているといわれている。実際、島民に接触を試みた際、船に積んでいたライフルを金属片と間違えて奪おうとした話もあるそうだ。

先に「6万年もの間、立ち入りが禁止されている」と書いたが、近代文明に触れていないためにこうした石器時代の生活様式がいまだに続いているのだろう。

それでは、なぜセンチネル族はそうまでして外界との接触を拒み続けているのだろうか。

▼元凶は19世紀の悲劇

センチネル族が外界との接触を強固に拒否するようになった理由。それは、19世紀まで遡る――。

1880年のことだ。当時、北センチネル島にほど近いインドはイギリス領であり、当地の役人だった英海軍将校モーリス・ヴィダル・ポートマンが、センチネル族との接触を試みようと島に上陸した。

ポートマンは、2週間にわたり島内を歩き回った。そして、幼い子ども4人と老夫婦の計6人を捕まえて、北センチネル島近くの大きな島に連れ出したのだ。だが、6人はすぐに病気にかかり、結果、老夫婦が死亡。病気の4人の子どもたちは、たくさんの贈り物とともに島に送り返されたという……。

ポートマンからすれば、未開の部族を連れていったらその全員が病気にかかり、老夫婦が死亡した。だから遺体を島に返して済ませようとしたのかもしれない。

だが、センチネル族にとっては許せない話でしかないだろう。

以来、センチネル族にとってこの悲劇は大きなトラウマになった。外部の人間が島に足を踏み入れれば、不幸なことが起こる。ならば、それを回避するために、攻撃を仕掛けて外敵を排除するという体制が生まれたのではないか。

ところが、外界との接触を拒み続けたセンチネル族の態度に変化が生じ、〝友好的な接触〟が実現したことがある。1991年の話だ。

接触に成功したのは、インド国立人類学研究所の学者チーム。彼らは、センチネル族にココナッツを送ることに成功したのだ。すなわち、19世紀から現在において、〝単なる挨拶の品を渡す〟という接触だけでも、これほどの期間がかかったわけだ。

ただし、この接触ですべてが許されたわけではなかった。センチネル族が身につけている植物でできた装身具に触れることや、集落の案内などは拒否されたのだ。

その後も学者チームの接触は2度試みられた。3度目の接触の際は悪天候のため、砂浜にセンチネル族の姿はなく、失敗に終わった。

そしてこれが最後の機会となった。政府当局は、センチネル族との接触を禁じ、島の周囲約9・6㎞はインド海軍によって厳重な立ち入り禁止区域とされ、外部からの上陸や接触の一切が禁止されるようになったのだ。

どうやらセンチネル族は、外部との接触がなかったことで、感染症などの多くの病気に対する免疫がないと考えられたからららしい（１８８０年の老夫婦死亡も、免疫がなかったためかもしれない）。彼らは長い年月、何事もなく暮らしてきた。外部との接触でその均衡が崩れてしまうことは避けなければならないのだろう。

▼禁足地と化してからも終わらない悲劇

こうして公式に禁足地と定められた北センチネル島だが、この地が現代まで世界中の注目を集めているのには理由がある。センチネル族との接触を試みる者が近年までいたからだ。

２００４年12月、インドネシア共和国スマトラ島アチェ州沖でマグニチュード９・０と推定される海溝型巨大地震が発生した。スマトラ島沖地震だ。[※2]

北センチネル島も被災し、インド政府は救援物資を届けるため、ヘリコプターで

※2　スマトラ島沖地震
２００４年12月26日にスマトラ島北部西方沖からアンダマン諸島を震源として発生したマグニチュード９・０の地震。地震に伴う大津波で、センチネル族の生存が危ぶまれた。また、地震時の断層運動によって、北センチネル島全体が数ｍ隆起した。

上空に迫った。このとき、せっかく助けようとしていたにもかかわらず「侵入者」と解釈されたのか、救援ヘリは火のついた矢と投石でセンチネル族からの攻撃を受け、退散することになってしまった。善意ゆえの行動だとしても、言語も通じない相手にヘリコプターから救援の意思を伝えるのは困難だったのだろう……。

また、2006年にも事故が起きている。カニの密猟をしていたふたりの漁師が、センチネル族に襲われて殺されたのだ。

これは、意図的な島への侵入ではなかった。漁師仲間の証言では、ふたりは舟で居眠りしていたところ、イカリで舟をきちんと留められていなかったため島の岸に流れ着いてしまったようなのだ。

1週間後には、ふたりの漁師の死体が海に向かって立てられた竹の杭に引っ掛けられている様子が確認された。

インド政府はふたりの遺体回収のため、ヘリコプターで接近を試みたものの、やはり攻撃に遭い、遺体は回収されなかった。「遺体はセンチネル族の食糧となってしまったのではないか」という説も囁かれている。

▼ついに起こってしまった「センチネル族絶滅運動」

北センチネル島について今のところ最新とされる情報が、2018年の事件だ。

この年、キリスト教の宣教師ジョン・アレン・チャウが、センチネル族をキリスト教に改宗させるため、単身カヌーで島に不法渡航したのだ。

当然、島民からの攻撃が始まる。彼に最初に命中した矢は、幸いポケットの中の『聖書』に刺さったことで助かった。まさに神の奇跡だろうか。

そこで退けばいいものを彼は諦めず、島民に近づき接触を試みた。その結果、彼は惨殺され、遺体は砂浜に埋められたという。

彼の死は正式には殺人事件ということになる。だが、地元警察は「チャウの遺体を回収するのはほぼ不可能であり、北センチネル島の部族を告発することも不可能だろう」と述べている。

ここまではリアルに起きたこと。そして、この事件はインターネットで世界中に拡散され、北センチネル島は広く知れ渡ることとなった。

そうしたことの顕れの一つだろう。「センチネル族を殲滅《せんめつ》する」というスローガンを掲げた過激な人々がネット上に現れたのだ。

彼らはFacebook上でグループを結成。2021年4月に、グループのメンバーが「復讐のときが来た」と主張し、島民らを一掃するための詳細な計画を明らかにした。

その計画とは、飛行機で空から島に上陸し、火炎放射器で周囲の植物を焼き尽くし、隠れる場所を奪うなど映画さながらのものだった。ただし、このグループに参加していた人々がどこまで本気だったかはわからない。

あまりにも荒唐無稽かつ武闘派なこのFacebookグループには、批判が殺到した。

現在は「Love North Sentinel Island」という名称のページとして投稿しなおされている。ページの管理者も「冗談を言っただけだ」と主張している。

禁足地にはさまざまなパターンがある。その中でも北センチネル島は、訪れる者、その地に住む者双方に死の危険が迫るという珍しいものかもしれない。

禁足地といえば、〝何かを隠すため〟に立ち入りが禁じられている場所のほうが一般的ではないだろうか。

次から案内する禁足地はまさに、その定義に当てはまるものとなる。

風評被害で生まれた禁足地・犬鳴村

▼「この先、日本国憲法は通じません。」

福岡県宮若市犬鳴峠――宮若市と久山町との境をまたいで存在している峠で、ここに「犬鳴村」という村があるとされている。都市伝説ファンの間では、「日本最凶の心霊スポット」としてよく知られている。この地を巡っては、さまざまな噂がまことしやかに囁かれている。

この犬鳴村は、地図にも載っておらず、唯一日本で法律が通用しない村だという。そして村の入り口には、

「犬鳴峠村には朝鮮人村があり、そこに近づく日本人は殺された。人が焼き殺された。」

「この先、日本国憲法は通じません。」

と、恐ろしいことが書かれた看板がある。

また、この村に通じるトンネル（旧犬鳴トンネル）は、現在、入れないように塞がれている。

犬鳴村では心霊体験談が絶えない。

例えば、犬鳴峠からの帰りの県道を車で走行中に、赤信号でブレーキを踏んだが止まらず、前に止まっていた車に追突する事故が発生。運転手らに大きなケガはなかったが、犬鳴峠に行ってきた直後ということもあって、その地の祟りが疑われる……。

また、ある走行中の車は半ドアのランプが点灯したまま消えなかった。故障とは思えなかったので、そのまま犬鳴トンネルに差し掛かると、車の屋根に、ズシリと重たい何かが落下した音が響いた。恐怖を感じた運転手は脇目もふらずに車を走らせ、峠を越えたところにあるコンビニの駐車場に駆け込んだ。車の屋根を確認するものの、そこにはなんの痕跡もなかったという。

さらには、不穏な噂もつきまとう。

若いカップルが面白半分で犬鳴村に入ったところ、入り口を少し進んだところで惨殺されてしまった。傷跡は刃物によるものだった。村の中を少し進むと、ボロボロのセダンが置いてある。「これは過去に車で来て、そのまま殺されてしまった人の愛車ではないか」といわれている。

そのうえ、犬鳴村は戦前、ハンセン病[※3]患者を隔離するための村だったという説もあり、「足を踏み入れてはいけない」といわれるようになった。

では、なぜこのような禁足地の噂が生まれたのか？

※3 ハンセン病
らい菌に感染することで引き起こされる感染症の一種。1931年に「らい予防法」が制定され、ハンセン病患者は療養所に強制隔離されていた。1943年にアメリカで治療薬が開発され、治る病気となったものの、1996年に「らい予防法」が廃止されるまで、国による隔離政策が続けられた。

▼人々の〝悪意〟が禁足地を生み出した

われわれの見解を交えた、種明かしをしていこう。もちろん諸説あることは先に言い添えておく。

実は、かつてこの地には炭鉱があったという。

炭鉱掘りの人手不足を補う労働力として、朝鮮人が集められた。「こっちだったら、いい仕事があるぞ」と。

彼らは「犬鳴村」と呼ばれる部落に、まるで幽閉されるように住まわされたのだ。近隣住民との接触は限定され、朝鮮語を話すことはおろか、私語は一切禁止――まるで奴隷である。だから、この場所では「日本の法律は通じない」といわれていた。

もうおわかりだろう。これが「この先、日本国憲法は通じません。」の看板の意味だ。**朝鮮人が住んでいるところだから、〝通じない〟**ということなのだ。

また、この朝鮮人強制労働により〝犬鳴村都市伝説〟を世に生み出してしまった元凶は、大物政治家一家であるという説がある。

その一家は、明治時代後期から昭和時代にかけて石炭産業を基盤として築き上げた財力を背景に、政界へ進出していく。福岡県の筑豊地方で石炭採掘を始め、影響力を拡大し、石炭業のみにとどまらず、金融や輸送、工業機械の製造など多岐にわたる事業を展開した。こうした経済活動から政界との関係も深めていき、当主は衆議院議員に選出された。彼の家系からは現代の大物政治家も輩出されている。

政界進出に繋がった一家の財力の背後には、多くの朝鮮人労働者による過酷な労働の歴史がある。1920年代後半から1930年代にかけて、日本では低賃金での長時間労働、暴力的な扱い、劣悪な労働環境での雇用が横行していた。朝鮮人労働者たちは、ほかの日本人労働者よりも不当に低い賃金で働かされ、労災に対する補償もほとんどなく、多くの労働者が命を落とすような状況であった。1932年の賃金削減と大量解雇に対して、朝鮮人労働者たちは争議を起こし、その待遇改善を求めて闘ったが、状況はほとんど改善されなかった。

１９３９年には朝鮮人労働者の強制連行が始まり、その一家が経営する炭鉱には１万人以上の朝鮮人が連行された。彼らは監視下で過酷な労働を強いられ、逃亡者や死亡者も多く、無縁仏としてその遺骨が残された。こうした労働力の搾取を通じて石炭業の経営を拡大し、戦時中には軍需会社として指定されるほどの大きな役割を果たしていた。

戦後、石炭事業を成功させ、政界に進出した当主の孫が事業を継承し、電力会社の会長にも就任する。財政的な影響力を駆使し、衆議院議員となり、影響力は増す一方であった。現在は、その息子が１００社以上の関連企業を抱える大コンツェルンである家業、そして政界の重鎮として、経済・政治の双方で大きな影響力を有している。

では、もう一つの噂である心霊スポットについてはどうだろう。

前述のとおり、そもそも犬鳴村はそのルーツからしても、いわくつきではあるものの心霊スポットではなかった。

だが、そんな噂を生んでしまうような〝事件〟があった。それが1988年のリンチ殺人事件だ。

地元の16～19歳の不良グループが、地元の20歳の青年に「軽自動車を貸してほしい」と頼んだ。青年が断ると、それに腹を立てた不良グループが青年を拉致。最終的には、犬鳴トンネルで焼き殺すという凄惨な犯行だった。

このような事件があった場所であれば、話には尾鰭《おひれ》がつき、心霊スポットという枠を当てはめられやすくなる。そうなれば、肝試しに来るような若者が増えるのはよくある話だ。

さらに、峠周辺は交通難所でもある。冬場の路面凍結などで、交通事故も多く発生するような場所だ。肝試しに来た若者が不幸にも自動車事故に遭い、死亡もしくは重軽傷を負う事故が数件発生した。

これでお膳立ては十分だろう。〝犬鳴の祟り〟というキャッチーな言葉も添えられ、犬鳴村のいわくがブレンドされ――心霊現象としてのムーブメントも起こるようになる。

地元にとっては、風評被害そのものだ。ひもとけばそれが、この犬鳴村[※4]という廃村が禁足地として認知されていった成り立ちだったのだ。

※4　１８８９年までは「犬鳴谷村」という村が存在していたらしく、この旧集落の跡地が都市伝説で語られる犬鳴村になったという説もある。１９７０年から始まったダムの建設によって、旧集落の大部分は沈んでしまったようだ。

戦前から現代まで尾を引く〝ある実験〟

▼満州で行われていた極秘の人体実験

禁足地は立ち入りが困難な場所だけではない。

高層ビルが建ち並び、ネオン輝く東洋一の繁華街である歌舞伎町や東京オリンピックのために建設された新国立競技場もあり、30万人以上が暮らす新宿区にも、人知れず立ち入ってはいけない地がある。それは戸山公園[※5]だ。

この地の謎をひもとくためには、「七三一部隊」の話をする必要がある。

七三一部隊――第二次世界大戦期の大日本帝国陸軍に存在した研究機関の一つ

※5　**戸山公園**
東京都新宿区に位置する都立公園。江戸時代には尾張徳川家の下屋敷「戸山荘」があり、明治初期から第二次世界大戦までは陸軍戸山学校、戦後は都営住宅団地として「戸山ハイツ」が建てられた。

で、石井四郎という軍医が率いていた。正式名称は「関東軍防疫給水部」で、七三一部隊の名は、その秘匿名称である「満州第七三一部隊」の略称だ。

この部隊は満州のハルビン※6に拠点があった。兵士の感染症予防、そのための衛生的な給水体制の構築が主な研究目的とされていたのだが……極秘裏に、戦争に使う細菌兵器の開発、生物兵器の研究開発機関でもあったという。

あくまでも真相は闇の中だが、捕虜となったロシア、モンゴル、中国、朝鮮の外国人兵士に対し、毒ガスの使用や生きたままの解剖、炭疽《たんそ》やペスト、コレラ、赤痢、梅毒の菌を注射、それらを混ぜた飲食物を与えるなどの実験を行ったようだ。さらには、逆さ吊りにして、どれくらいの時間で死ぬのか、尿を腎臓に注入するとどうなるのか、人間の血液を、馬や猿の血液と交換したらどうなるのかを調べる研究や、生きた人間に麻酔なしでメスを入れる生体解剖など、信じがたい非人道的な実験まで行われていたという。

※6　ハルビン
七三一部隊の拠点が置かれていたハルビンは、現在の中国黒竜江省の省都。満州事変から第二次世界大戦中は日本による東北地区支配の拠点とされ、軍需に結びついた各種産業が発達した。

また、そういう実験対象となった人間のことを、七三一部隊では、通称「マルタ」と呼んだ。マルタは丸太＝材木を意味した。捕虜たちは人ではなく、実験材料としてしか見られていなかったのだろう。

この実験による犠牲者は、推定3000人以上ともいわれている。

実際、七三一部隊で製造された毒ガス[※7]は、日中戦争でも使用されているという話もあるのだ。

※7
日本は中国からの撤退時に中国全土に毒ガス兵器を遺棄。毒ガス兵器は数十年後、工事現場などから掘り出され、今に至るまで中国の人々に健康被害をもたらしている。

▼なぜ、人体実験の証拠が出てこないのか

こうした凄惨な実験の事実は広く知られている。先に「あくまでも真相は闇の中だが」と書いた。なぜ、「人体実験が行われていた」という情報は語られるのに、その証拠となるものが表には出てきていないのだろうかと、疑問に思わなかっただろうか？

そもそも日本は敗戦国だ。戦勝国側から開示を求められれば、人体実験の数々のデータを隠し通すことは無理がある。

だが——太平洋戦争末期、ソ連軍が満州に侵攻してきた。そこで、**「研究機関の情報が他国には漏れないように」と、施設に火を放ち、文書も焼却してしまった。**そのため、現存する資料は極めて少ないのだ。

終戦2日前の1945年8月13日、七三一部隊は満州の中心都市ハルビンを去った。部隊を率いていた石井四郎は、部下にこう忠告した。

「部隊で見たこと聞いたことは、今後絶対に人に話すな」

そして、石井自身は「自分はもう死んだことにする」と言い残し、姿を消したものの、うまくはいかなかった。アメリカ軍に所在がばれてしまい、後々、軍事裁判にかけられた。この際、実験情報と引き換えに処刑を逃れる取引に応じたことで、A級戦犯を逃れることができたという。

結果、七三一部隊による細菌兵器の人体実験データをはじめとした情報は、全部アメリカに流れてしまったようなのだ。

その後の実験データの扱いは想像に難くない。アメリカは、そのデータを活用しているようだ。

戦勝国であるアメリカから七三一部隊のような人体実験にまつわる話は出てこない。しかし、朝鮮戦争やベトナム戦争では細菌兵器が使用されている。その背景には、七三一部隊のデータがあるのだろう。

ちなみに、この結果は戦争には核兵器ではなく細菌が有効だと、実証してみせたともいわれている。実際、その後の1975年には「生物兵器禁止条約」が発効し、このような細菌兵器は使えなくなっている。

七三一部隊は、彼らが実行した実験のみならず、後の世にも人類史に刻まれる負の遺産を作ってしまった。そうした闇の実験を行った当事者たちには、それなりの裁きが下ったかと思いきや……そうではない。むしろ、逆だ。医療機関や大学、大学病院、製薬会社など、日本の医療関係機関に流れ、高いポジションにおさまったのである！

▼厳重に守られている真の禁足地と、周辺にある違和感

そういうことに関係する場所で、注目すべきは国立感染症研究所だ。七三一部隊の拠点は満州ハルビンだったという話があるが、その日本支部ともいえるものが、国立感染症研究所にあったといわれているのである。

人体実験を行っていた満州には、大量の捕虜の遺体があった。それを満州にそのまま残してしまうと、旧日本軍が大量殺人をしていた証拠となってしまう。そのため、遺体を日本に持ち帰った可能性がある。

では、どこに持ち帰り、埋めたのか？　——おわかりだろう、冒頭で触れた、戸

山公園とその周辺だ。

すでに都市伝説でも語られることが多いので、ご存じの方も少なくないだろう。戸山公園に人骨が埋められたのは事実だが、一番タブーな場所が、坂の途中にある国立感染症研究所。

さらに、その坂をもう少し登ったところにある、かつて看護師などの寮のように使われていた巨大な廃マンションで、ここが危ない。

この廃マンションは現在、厳重に警備され入れなくなっている。ここに最も多くの人骨が埋められている。**廃マンションになってから10年以上経つが、これを壊さない理由というのも、壊したら埋められている無数の人骨＝日本の闇の歴史が出てきてしまうから**なのだ。

さらに、この廃マンションはかつて国家公務員の宿舎としても使用されており、今もなお財務省が管理している土地とされる。かつては競売にかけられる話になったが、なかなか政府が手放さなかったため今に至るのだ。その理由はやはりマンションの下に大量の人骨が眠っているからではないだろうか？

日本では、朝鮮人を奴隷として働かせるなどしてきた場所がたくさんある。そういうところは、基本的に日本にとっては負の遺産であり、隠したがる場所だ。だから、政府としては国の金で管理し、厳重に立ち入り禁止——真の禁足地——にしているのだ。

さて、真の禁足地がわかったところで、少し視野を広げてみよう。

次のページの図は、戸山公園周辺の地図だ。印のついたところが何か、あなたには想像がつくだろうか。これらは、キリスト教の教会だ。

なぜ、キリスト教の教会が多いのだろうか。

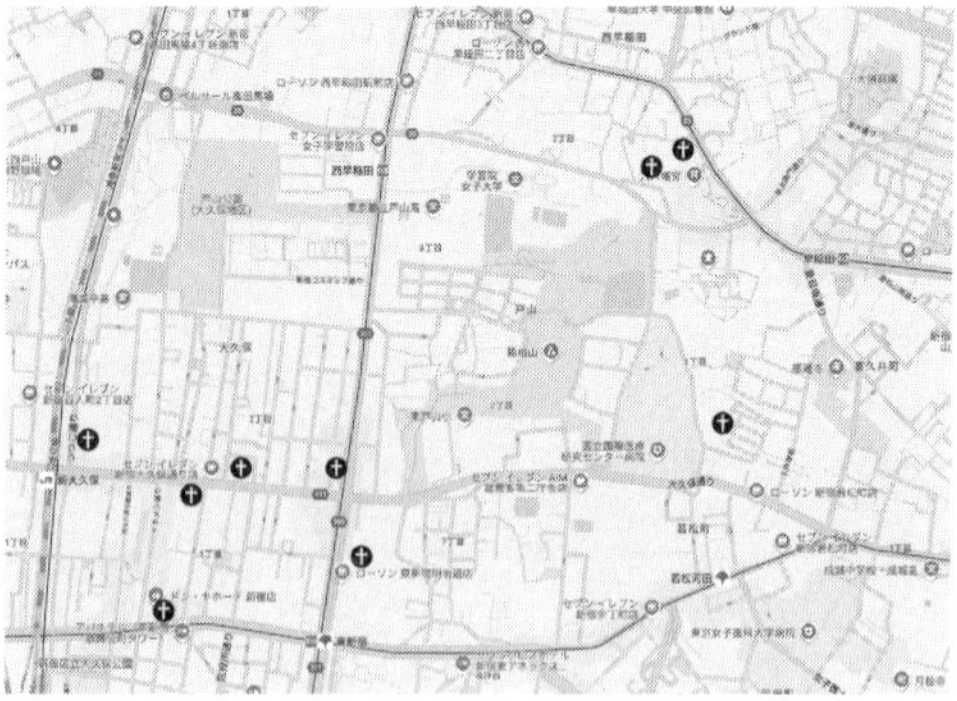

ロシア人、朝鮮人などを捕虜（マルタ）として連れてきていたから、その人々を弔う意味で、後々、建てられたという説があるのだ。

▼都内最恐の心霊スポット・レポート

ところで、われわれウマヅラビデオは近年、フィールドワークも重視している。戸山公園でも取材を敢行したことがあるのだ。

マルタの大量の人骨が戸山公園内の箱根山に埋まっていること。それゆえに都内最恐の心霊スポットともいわれること。これらの真相をこの目で確認しよう、と。

足を運んでみるとわかるというのは多々あるもの。人骨が埋まっているのは、実際は箱根山ではなかったのだ。

骨が埋まっているのは、国立感染症研究所の敷地内、細い道を通った先だ。そこに、ピラミッド型の納骨堂があったのだ。そこには、**「人体実験の被験者となったとされる遺体をここに供養してあります」**というようなことが書いてある（表現はかなりぼかしている。完全に認めてはいない空気を感じた）。

これだけであればわざわざ取り上げるまでもないのだが、驚いたのは納骨堂がある場所だ。粗大ごみ置き場の横だったのだ。

パソコン、机、テーブルなどが捨ててある。その横に納骨堂、慰霊の塔がある。場所も雑、扱いも雑。最悪だ。まるで死者を冒涜《ぼうとく》するかのようで、その時点で危なさをひしひしと感じた。

このとき、納骨堂から離れた外にべーこんと否メンディー、納骨堂にはウマヅラ、そして同行した霊能者がいた。

「せっかく来たのだから手を合わせようか」

あまりの惨状に悲しさも募り、霊能者がそう口にしたときだ。ガサガサと音がしたと思うと——囲まれていた。200、300人ほどの霊が、ウマヅラと霊能者のことを見ていたのだ。ただただ、怖かった。当時、実験台で惨殺された人たちが、みんな見ている……。

しかし、われわれも別に悪ふざけで訪れたわけではない。そこで気持ちを込めて、きちんと手を合わせたら、空気が変わった——肌感ではあるが、霊たちが受け入れてくれたと感じたのだ。


一方、ウマヅラが霊に囲まれていたとき、外で待っていたベーこんと否メンディーのふたりも、怪奇現象を体験していた。

それは、納骨堂のほうからの「オラ！」というかなり大きな怒鳴り声を聞いたことだった。ふたりはそのとき、納骨堂に勝手に入っていったウマヅラたちが、「そこは入ってはいけない場所だ」と警備員に見つかって怒られた声だと思っていた。

しかし、合流してからわかったのは、ウマヅラはそんな声を一切聞いていないということだった。

霊には取り囲まれたが、無事に納骨堂から戻ってきたウマヅラたちに、べーこんと否メンディーは「おや？」と思った。そこで、納骨堂の撮影に使用していたカメラで確認したところ――外のふたりが聞いた声をマイクが捉えていたのである！

おそらく、納骨堂でふたりを取り囲んだ霊のうちの誰かの声だった可能性が高いだろう。そう、本気で怒っているような……。

なお、余談ながら、霊障的なことなのだろうか。後日、小型カメラが一つなくなり、また、データが一つ消えているということが起きた。

▼証拠があるのに戦前のタブーがタブーであり続ける恐怖の仕組み

1989年7月、この戸山地区から、100体以上の人骨が見つかる出来事があった。そこは七三一部隊と関連がある防疫研究室があった場所だ。

この骨は何なのか？　専門家による鑑定が行われた結果、数十年以上、土に埋められていたモンゴロイド系の骨と推定された。しかも、その多くは成人男性であり、生きているときに刺されたり、切られたりした痕や銃創が残る骨もあったのだ。

七三一部隊との関連は明らかになっていないが、残酷な生体実験の話と重なるではないか。

また、廃マンションについて、2023年に次のような話題が上がった。

簡易査定の結果、土地は47億〜53億円もの価値があるというのだ。それもそのはず、この廃マンションは新宿区の超一等地にあり、開発のしがいのある活用度の高い土地である。

それにもかかわらず、戦時中に人骨が廃棄されたという話もあり、調査が必要だとされて、10年以上もの期間〝塩漬け〟状態にあるのだ。

ここは、10年ほど前の民主党（当時）政権のときに使用を禁止された。もし、そのまま民主党政権が続いていたら、さまざまなことが明らかになっていったかもしれない。

だが現在は、日本にとって都合の悪い情報は出す必要がないという**「特定秘密保護法」**[※8]が制定されてしまった。

そのため、こうした情報にまつわる文献も閲覧が禁じられる流れにある。国立国会図書館に行っても、おそらく禁忌にまつわる情報も出てこなくなっている。地方の小さな図書館のほうが、情報が残っている可能性もあるともいわれているのだ。

アメリカでは、１９７４年の情報公開法改正および大統領令により、基本的に機

※8　特定秘密保護法
正式名称は「特定秘密の保護に関する法律」。日本の安全保障に関する重要情報の漏洩を防ぐため、「特定秘密」を指定・管理し、漏洩した者に罰則を科す法律。２０１３年12月公布、２０１４年12月施行。この特定秘密保護法が制定された背景には、元ＮＳＡ職員であるエドワード・スノーデンがＮＳＡの機密を漏らしたことによって成立が急がれたという説がある。

密文書は25年後に機密解除されるようになっている。しかし、日本では特定秘密保護法のために永久に表に出てこない情報がたくさん存在する。その裏には、秘密のままにしておきたい、後ろめたい思いがあるのではないだろうか。

世界トップレベルの機密情報が眠るバチカン使徒文書館

▼全長85㎞の規格外の本棚

本章の最後に、もう一つ毛色が大きく異なる禁足地を案内しよう。それがバチカン市国にある、バチカン使徒文書館だ。

バチカン市国といえば、世界最小の面積の国として知られる。どれほど小さいかといえば、0・44平方キロメートル。比較に挙げれば、0・46平方キロメートルの東京ディズニーランドよりも小さいことになる。

規模こそ小さいものの、キリスト教最大の宗派であるカトリックの総本山であり、「**世界最大の権力を持つ国**」でもある。統治者はローマ教皇フランシスコで、全人口800人ほどのほとんどが聖職者だ。選ばれし者にしか居住権が与えられず、バチカンに勤める数千人の職員は隣国イタリアから通勤している。国といっても、あまりに特殊、唯一無二だ。

絶大な権力の源泉の一つとなっているのが、歴史を覆すほどの機密情報を数多く握っている点にある。その機密情報が眠る場所こそが、禁足地・バチカン使徒文書館である。

とにかく驚異的なのが、その規模だ。

書庫の棚の全長は、なんと85㎞に及ぶ。直線距離ではないが、そもそもバチカン市国は東西1・1㎞、南北800mほどしかない。国の大きさに対しての書庫のケタ外れさが窺えるだろう。

保管されているのは、ローマ教皇とローマカトリック教会の歴史に関する最重要文書、そして機密文書の中にはかつて異端とされていた地動説を唱えたガリレオ・ガリレイの裁判記録やローマ教皇ピウス11世からアドルフ・ヒトラーに宛てられた手紙など、すでに公開されている文書もある。バチカンやその周辺から採集されたものだけでなく、バチカンが長い年月をかけて、世界の各地から集めた重要書類だ。

当然ながら、誰でも内部の文書を閲覧できるわけではない。許されるのは、特定の研究者だけだ。具体的には、歴史研究所か科学研究所の推薦状を所持しており、かつ、申請された文書に関する研究の学位を保有する研究者のみ。

しかしそれでも、**許可を得ても閲覧することができない最高機密も存在するのだ。**

その最高機密とは、いったい何なのか？　もちろん、〝最高機密〟なので実態はわからない。だが、「バチカンが禁じている」という事実から推測はできる。キリスト教における神の存在を否定するものや、宇宙人の存在の証拠などは十分にありえるだろう。

▼世界で最も情報が集まるバチカンの情報操作術

それにしても、なぜそれほど大規模な施設を持ち、世界各地から重要書類を集めてきたのだろう？　実際バチカンは18世紀ごろの時代、各国のフリーメイソン[※9]団体などからも、秘伝を集めている。

しかし、ただ集めただけではない。この秘伝を、都合よく編纂《へんさん》したものを世の中に出しているのだ。

当時は啓蒙思想が流行り、イルミナティ[※10]やフリーメイソンなどの秘密結社ブームが巻き起こった時代。おそらくこのとき、さまざまな神秘思想について〝真理の的を射るようなもの〟などは、すべてバチカン使徒文書館が回収しているのだ。

※9　フリーメイソン　キリスト教の騎士団であるテンプル騎士団を源流に持つ秘密結社。テンプル騎士団が悪魔崇拝の冤罪のために崩壊させられた後、海賊として生きた彼らは、やがてスコットランドの石工職人たちと交流を深める。こうした石工職人の組合にかつてのテンプル騎士団総長ジャック・ド・モレーの意志＝Dの意志を受け継ぐ者たちが交わっていく中で成立していったのが「フリーメイソン」。現在のフリーメイソンのシンボルマークに、定規とコンパスなどの建築道具が使われているのも、石工職人

地球平面説イメージ図

なぜ、そのようなことをするのか？

それは人々に向けて、この世の真理をうやむやにしてしまうためだ。

その後、現代でも世界中に存在する教育機関が定着する。

それが大学だ。そこで扱われた文書・書物は、すでにバチカンが編纂した後のものだ。

例えば、数学にまつわる真理を得たような書物などは、一度バチカンがすべて回収して、人々には真理までは教えないが、ある程度のロジックを学べるような書物だけを普及させていくという方法で、情報操作をしている。

その典型例はいろいろあるが、わかりやすいの

の団体を象徴しているからだ。やがてフリーメイソンは、「自由・平等・博愛」の思想のもと、規模を拡大。もともとは「親方」「職人」「徒弟」の3位階からなっていたが位階を増やしていき、現在では33位階までになる。知識人や権力者、資産家の参入によって、当初受け継がれた「Dの意志」は捻じ曲がっていく。友愛団体でもあったフリーメイソンは政治的な影響力を増した組織に変貌していった。

※10　イルミナティ
もともとは1776年にバイエルン公国（現在のドイツ）で、法学

は「地球平面説」[※11]だ。

「神が天地を創った」という記述をそのまま真に受けて作られた説であり、いかにもキリスト教原理主義的な考え方だ。これこそ、ただバチカンがでっち上げただけの話なのだ。

地球をはじめとする宇宙の惑星は球体である。それは当時すでにわかっていたにもかかわらず、真理・真実が記された歴史的書物をバチカンがすべて回収・編纂して、本当かどうかわからないような話しか広めずに、うやむやにした。

そうすることで、**真実にたどり着かせないようにすることが目的だった**のだ。

『ヴォイニッチ手稿』をご存じだろうか？　1912年にイタリアで発見されたという謎の古文書だ。解読不明の未知の文字と奇妙な彩色画で紙面が構成されている。この奇書を広めたのも、実はバチカンという説がある。つまり、解読できないものをバチカンが意図的に流しているというわけだ。

ポイントは、「解読できない」というところにある。うやむやなものをあえて広

者、哲学者だったアダム・ヴァイスハウプトによって設立された政治的秘密結社。正式名称は「バイエルン啓明結社」。ヴァイスハウプトが設立した「完全論者の教団」が前身。完全論者の教団は当時、ヴァイスハウプトの友人や弟子などの3人しか入会していなかったが、イルミネイション、つまりはルシファーによって、自身の力で意識や霊格を向上させ、より高いレベルに至ろうと考え、1776年にイルミナティを創設。高位のフリーメイソンだったアドルフ・フォン・クニッゲ男爵を招き入れ、結社の位階を

『ヴォイニッチ手稿』の１ページ

めることができるのも、バチカンの強大な権力だけがなせる業だからだ。

「情報を制するものが世界を制する」とはよく言ったものだが、その点で、人々がたどり着いたこの世の真理を、その禁足地バチカン使徒文書館で回収しているバチカンこそが、現代を支配しているといっても過言ではないだろう。

突き詰めれば、人間の教育も宗教も戦争も、あらゆる分野において、バチカンがルーツになっていることは非常に多いのだ。

すなわち――情報を制するバチカンの権力は、世界一なのである。

13にするなどシステムを大改革。貴族や政治家、高級官僚など多くの有力者が加入し、ヴァイスハウプト自身もフリーメイソンに入会し、メイソンメンバーを勧誘することで勢力拡大を図った。当初は啓蒙思想研究会だったものが、政治色が濃くなり、革命思想へと思想を変えたのだ。やがてヴァイスハウプトは、組織の拡大の立役者であるクニッゲ男爵すらもイルミナティから追放。その後イルミナティはイエズス会からも危険視され、弾圧された末に１７８５年に消滅した。しかし、イルミナティはそこで途絶えた情報にまつわる余談ながら、バチカンには世界で最も有能な諜報機関、最強のスパイ部隊が存在する。その名を**「サンタ・アリアンザ」**という。これもバチカンを巡る一つのタブーである。

CIA第5代長官アレン・ダレスによると、この諜報機関の正式名称は「サンタ・アリアンザ（聖なる同盟）」または「レンティタ（実体）」であり、その起源は16世紀に遡る。1566年、教皇聖ピウス5世がエリザベス1世の宮廷から情報を収集し、彼女を権力の座から引きずり下ろす目的で設立したとされる。この諜報活動は、CIAが政府転覆を考え出すはるか以前に存在していたものである。

サンタ・アリアンザは、高度に訓練された諜報員からなる分散型の組織であり、本部はバチカン市国にあるが、その活動範囲は世界中に広がっている。彼らはヒューマン・インテリジェンス（HUMINT）、信号諜報（SIGINT）、オープン・ソース・インテリジェンス（OSINT）などの多様な手法を駆使して情報を収集し、バチカ

わけではない。壊滅の危機を察したイルミナティは今もフリーメイソンの最高位として君臨し、世界を支配していると囁かれている。

※11 地球平面説
サミュエル・バーリー・ロウボサム（1816〜1884）が提唱した、地球は球体ではなく、パンケーキやピザのような平面であるとする説。アメリカの成人の2%、およそ600万人が信じているとされている。

ンの利益を守るために極秘の作戦を実行している。

バチカンの諜報活動の歴史はさらに中世にまで遡り、教皇庁がカトリック教会に対する脅威と見なされるものを調査し、対抗するために実施した「教皇異端審問」まで至る。時が経つにつれ、このネットワークはより洗練された諜報機関へと進化し、現在でも聖座国務長官事務局の下で、目立たないながらも強力な諜報ネットワークが運用されている。

この諜報機関の活動には、ナチスの戦争犯罪者の追跡、民主主義と人権の擁護、迫害されるキリスト教徒の保護、和平交渉への関与などが含まれる。その影響力は宗教問題にとどまらず、地政学や人道的領域にも及んでいる。また、サンタ・アリアンザはＣＩＡ、ＭＩ６、モサドなどの諜報機関とも協力関係を維持し、テロ対策や重要情報の交換など、さまざまな分野で協力している。

バチカンの情報収集活動において中心的な役割を担っているのが、ローマのミネルヴァ広場近くに位置する「教皇庁教会アカデミー」である。この施設はバチカンの外交官を訓練する場であり、CIAのキャンプ・ピアリーに相当する。ここで選ばれた司祭たちが厳しい訓練を受け、教皇大使としての任務に備えている。これにより、教皇庁は世界中で情報収集を行う目と耳を持つことができている。

さらに、バチカンは2008年にインターポールに加盟し、グローバルな警察ネットワークへのアクセスを拡大した。迅速介入グループ（GIR）と呼ばれる高度な技術と物流資産を有する部隊も存在し、世界中で活動している。

また、P2ロッジのようなフリーメイソンのグループが過去にバチカン内の機関に浸透し、影響力を行使していたことも知られている。P2ロッジはイタリア政府によって解散されたが、その後継グループが異なる名目で再結成され、バチカンの重要な部局に影響力を持つようになったという事実もある。

バチカンはここまで情報に巧みな国でありながら、これまでもたびたびスキャンダルが報じられている。「結局、情報を統制できていないんじゃないか？」そう思われる人もいるだろう。しかし、われわれはそう捉えていない。

逆に、**時代的にあえて〝出てもよい〟スキャンダルだった**と見ている。あるいは単に、下っ端のスキャンダルでしかない。ノーダメージ、ノータブーである。

そんな中でも、意図しない情報流出だったと思えることもある。発信元がローマ教皇である場合、事前に制御できないのかもしれない。それが２００８年、当時のローマ教皇ベネディクト16世の発言だ。

▼ローマ教皇生前退位に隠された驚愕の真実とは？

前ローマ教皇ベネディクト16世は、次のような声明を発表したというのだ。

「神はアダムとイブとともに地球外生命体を創造された」

バチカンが宇宙人の存在をほのめかすという前代未聞の発言だ。しかも、世界最高権力の一つ、そのトップによるものだから、衝撃は大きい。

その後、2013年にベネディクト16世は終身制のローマ教皇では異例の生前退位をした。表向きには「高齢であるため」といわれているが、「バチカンの最高機密が外部に持ち出されたことによって、責任を取る形での辞任だった」[※12]と噂されている。

バチカン使徒文書館の機密情報の一つに、宇宙人が存在するというものがあるとは、以前から噂されている。さらに、バチカンはUFOが頻繁に目撃される場所でもあり、このような発言もまた、すべて使徒文書館に保管されている可能性が高いのだ。

宗教組織が宇宙人の存在をほのめかすことに、違和感を覚える人も多いだろう。

※12
バチカン聖職者の性的虐待スキャンダルを暴いた新聞記者たちを描いた『スポットライト 世紀のスクープ』という映画はアカデミー賞作品賞・脚本賞を受賞している。

しかも、神の存在への脅威になりかねない話でもある。だから、ベネディクト16世による宇宙人・UFO機密の持ち出し責任などという話は、いささか強引に感じられるかもしれない。

だが、バチカン天文台の所長で天文学者のガブリエル・フネス神父という人物は次のような発言をしている。

「エイリアンはわが兄弟だ。地球にも複数の生命体が存在するように宇宙にも神によって造られた知的生命体がいるかもしれない。

そして、地球外生命体も神によって造られたものであるため、地球外生命体の探究と神への信仰とは矛盾しない」

宇宙人の存在は神の存在の否定にはならないというのだ。

そして、古代シュメールの神話ではアヌンナキ[※13]という神々が地球で金を採掘する

※13　アヌンナキ
太陽系第10惑星（準惑星である冥王星を含む）ニビルの知的生命体。左がエンキ、右がエンリルの石像。

ための労働力としてわれわれ人類を創生したといわれている。しかしそれ以前は下層の神々であるイギギを創造し、彼らが労働力として酷使されていた。

つまりこの説では、神によって造られたのはわれわれ人類だけではなく、それ以前に「神」と呼ばれた知的生命体を創造していたということだ。

ローマ教皇の発言とは時系列が異なる部分もあるが、教皇の言う宇宙人というのはイギギのことを指しているのかもしれない。

バチカンがここまで言うということは、早く宇宙人の存在を公表したいし、公表したほうが都合がいいということを暗に示しているのではないか。

しかし、その先に何があるというのか？

本書のテーマであるタブー、そして本章のテーマである禁足地と話がズレるので、軽く触れるにとどめるが……まず考えられるのは、ここにきてこうした発言が飛び出していることから推理すれば、もしかするとバチカンはすでに宇宙人とのコンタクトを行っているのかもしれないということ。

また、宇宙人が存在すると公言し、彼らを偽のターゲットとすることによって、戦争を起こしやすくするという計画もありえるだろう。

ほかにも、バチカンであるからには、キリスト教的な終末論としての混乱、戦争が起きるのは教義として都合がいいのかもしれない。人類が地球上の国や地域にミサイルを落とし、宇宙人のせいとして戦争を起こす——。

急がないと、自然災害で人類が滅びる可能性もある。その前にやらないといけない。最終戦争に向けて宇宙人の存在が使われるかもしれない。

そのような恐ろしい想像もしてしまうのだ。

第2章

科学・発明

この世から消された作ってはならなかった技術たち

利権に潰されたニコラ・テスラのフリーエネルギー

▼一時は資金を得たフリーエネルギー開発

「禁禁禁（タブー）」の深淵へもう一段潜ろう。前章の禁足地は闇が深い話題ではあるが、踏み込まない限りは単なる情報でしかない。しかし、本章ではあなたを取り巻くものに隠れる禁忌に触れていく。それは、科学・発明の禁忌だ。

科学・発明の中には、〝実在しながら、闇に葬られた技術〟がある。大したものではなかった？　使えなかった？　いや、その逆だ。世の中にイノベーションを起こすような画期的な技術こそ、黒く塗り潰され、事実上消されてしまうことがあるのだ。

その一つに、**「ニコラ・テスラのフリーエネルギー」**がある。

ニコラ・テスラといえば、20世紀前期に活躍した超天才発明家だ。アメリカの発明王トーマス・エジソンの直流送電システムに対し、交流送電システムを推し、勝利したことでも知られる。日本の教科書には滅多に出てこないが、都市伝説にまつわる噂に事欠かない、都市伝説ファンの間ではおなじみの人物でもある。

そんな彼が、交流送電の後に取り組んだ研究の一つが、**「無線による電力の送電システム」**だ。これは世界を変える夢の発明だった。地球から湧き出す電気エネルギーを無限に抽出し、電線を使わず、電力を減衰させることなく、地球のあらゆるところに電気を届けるものだ。

現代でも街には電線が、屋内でもさまざまなコードが張り巡らされている。そのような既存のシステムが一変するのだ。確実に世界は変わる。それは容易に想像できるだろう。

荒唐無稽とも思えるアイデアだが、テスラには勝算があった。

財界人からも注目される存在であり、当然ながら研究には資金面で協力の申し出が多数あった。出資者はこの技術による金儲けを企んでいたのだろう。

その代表的な人物が、アメリカを代表する財閥の一角、JPモルガン（モルガン財閥）の創始者ジョン・ピアモント・モルガンと、貿易・不動産業で巨万の富を築いたアスター財閥のジョン・ジェイコブ・アスター4世だ。

前者は、テスラのエネルギーに関する論文に注目して、15万ドル（当時）の資金援助を申し出た。後者は個人的にもテスラと親交がある最大の後援者であり、10万ドルの援助を行った。

テスラは無線送電技術によって、25マイルほど離れた場所にある200個の電球を点灯させることに成功。さらに、「小型船舶も無線送電によって操縦できた」という逸話を残している。

そのまま順調に研究を重ねていけば、技術の完成はそう遠くない。そう思った矢先である。突如、ＪＰモルガンが資金援助を停止した。

▼フリーエネルギーが普及すると損をする者たち

ＪＰモルガンが資金援助を停止した理由は、そもそも資金提供をする動機を考えるとわかりやすいだろう。彼らは、技術による金儲けを目論んでいた。

では、フリーエネルギーが実現したら、金が儲かるだろうか？

答えは言うまでもない。儲からないのだ。

なぜ、夢の技術なのに儲からないのか。問題は技術自体にあるのではない。

人類の誰もが夢にも思わなかった技術でない限り、世の中には既存の異なる技術と、それにともなう利権がある。つまり、既得権益があるのだ。

おわかりだろう。**すでに火力や水力などの発電にともなう事業の利権を持っている人たちからすれば、テスラの技術が完成してしまうとまるで儲からなくなるのだ。**

それならばあらゆる手段を講じてでも、消すしかない。

JPモルガンが唐突に資金援助を打ち切った理由はここにある。

既得権益など気にしなければ、フリーエネルギーの独占によってモルガンは文字どおり天下を取れていただろう。ところが、そう簡単にことは運ばないのが、世界の利権である。

モルガンは、基本的にアメリカ最大の財閥ロックフェラーを中心に、その傘下の組織と蜜月関係にある。当時のアメリカは世界有数の産油国であり、ロックフェラーは石油ビジネスで、関与する石油会社スタンダード・オイルが大成功していた。そんな矢先に、フリーエネルギーが広がると台無しになる。

モルガンにとっては石油利権も莫大で、石油が売れないと意味がない。だから、フリーエネルギーを作らせてはいけない。そう判断が下されたといわれている。

一方、アスター財閥サイドも、資金提供を諦めたとされる。

だが、こちらには別の噂もつきまとう。それが、**タイタニック号沈没による、反対派勢力封じ込めの暗殺**である。

▼不自然なほどに繋がるタイタニック号沈没とＦＲＢ創設

アスター財閥の資金提供とタイタニック号沈没がなぜ繋がるのか、その陰謀の都市伝説について見てみよう。

1912年4月10日、当時世界最大の豪華客船タイタニック号が初航海を迎えた。タイタニック号はイギリス・サウサンプトンを発ち、アメリカ・ニューヨークへと向かった。

航海5日目の4月14日夜、タイタニック号から国際遭難信号SOSが発せられ、これを周辺にいた船がキャッチした。そう、タイタニック号は巨大な氷山に接近していたのだ！

タイタニック号はただちに回避すべく目一杯舵を切るも、時すでに遅く、氷山に激突……船体が破壊され、全エンジンが停止。幸いにも約710人の乗客が救命ボートにより救助されたが、じわじわと船への浸水が進み、タイタニック号は沈没した。救助されなかった乗客・乗組員1513人は海に沈んでいった。

この事故の犠牲者の中に、ある3人の人物がいた。

それがニコラ・テスラに資金援助をしたアスター家当主ジョン・ジェイコブ・アスター4世、アメリカの鉱山王ベンジャミン・グッゲンハイム、アメリカのデパート王イジドー・シュトラウスだ。

この3人は、ロックフェラー財閥と並ぶロスチャイルド家、その縁戚関係にある、いわばロスチャイルドの一族だ。そこで、考えてみてほしい。アメリカの3人の大富豪が同じ日に死ぬ。そんな偶然、ありうるだろうか？　そう、意図的に殺害されたと考えるのが自然ではないだろうか。

なぜ、この3人の命を狙う必要があったのか。

まず一つの仮説として、この3人がユダヤ人だったことが挙げられる。アメリカはWASP[※1]（ホワイト・アングロサクソン・プロテスタント）の国という点から、ユダヤ人がWASPの地で金を儲け、独占することをよく思わなかった勢力が暗殺を謀ったという説があるが、ウマヅラビデオはもう一つの有力な説を支持する。

それは、**この3人がFRB[※2]（連邦準備制度理事会）の設立に反対していた**という説だ。

※1　**WASP**
White Anglo-Saxon Protestant の略。アングロサクソン系の白人でプロテスタント教徒であるアメリカ人を意味する。かつてアメリカ社会の主流だった初期移民の子孫たち。

※2　**FRB（連邦準備制度理事会）**
連邦準備制度（FRS）の最高意思決定機関。7人の理事から構成されており、「Federal Reserve Board」の略で「FRB」。議長は世界経済への影響力が大きく、アメリカ大統領に次ぐ権力者といわれる。民間銀行だが、決算は開示されない。

ＦＲＢは日本の日本銀行に相当する、いわば中央銀行的な役割を担う機関だ。アメリカ全体を陰で支配する権威として、ロスチャイルド家の中央銀行的な存在であり、さまざまな陰謀が噂されている機関だ。

この設立に最後まで反対していたのが、前述のジョン・ジェイコブ・アスター4世、ベンジャミン・グッゲンハイム、イジドー・シュトラウスの3人だったといわれているのだ（ただし、この3人がＦＲＢ設立に反対していたという記録は存在せず、噂の域を出ない）。

１９１０年11月、タイタニック号沈没の約2年前、ジョージア州のジキル島クラブにおいて、大物銀行家ら6名が極秘会議を開催し、ＦＲＢ設立の計画が進められた。この会議には、共和党上院議員ネルソン・オルドリッチや、ＪＰモルガン商会の共同経営者ヘンリー・デイヴィソンなど、金融業界の重鎮が名を連ねていた。特に、ＪＰモルガンはジキル島クラブのオーナーの一人であり、この会議の背後で大きな影響力を持っていた。

彼らは、ニューヨークからジキル島への移動中、身元が特定されないように偽名を使用するなど、徹底した秘密主義を守っていた。そして、10日間にわたる会議で、現在のＦＲＢの基礎となる構想が策定された。この会議は、アメリカの金融界を自らの手で完全に支配するための陰謀であり、ＦＲＢ創設に反対している有力者を消すため、その一環としてタイタニック号を利用した計画があったとされている。

そして、タイタニック号にアスターが乗る前に、意図的にＦＲＢの創設のために、賛成派が一斉にロビー活動を展開し始めるという話が流布された。さらに、タイタニック号の事故の翌年にＦＲＢが設立されているのだ。偶然とはいってもできすぎである。

ＦＲＢが設立された１９１３年12月23日は、クリスマス休暇の最中であり、この時期は都合よく利用されたのである。

国際銀行家たちから賄賂を受け取っていたアメリカの議員たちは、ほかの議員がクリスマス休暇を取っている隙を突き、「連邦準備制度設立」法案を議会で成立させた。この法案により、アメリカの貨幣発行権は民間銀行に移されることとなったのである。

そして、ウィルソン大統領がこの法案に署名した後、法案は法律となり、アメリカ中央銀行のシステムである12地区の連邦準備銀行からなる連邦準備制度が創設された。

この策略の背後には、国際銀行家であるロスチャイルド、ウォーバーグ、ハリマン、メロン、ロックフェラー、そしてイエズス会が存在していた。彼らはイギリスのシティー・オブ・ロンドンやローマのバチカン銀行を通じて、この作戦を実行したのである。

彼らの目的は、アメリカから通貨発行の権限を奪い、一挙にアメリカの権力を掌握することであった。

こうした背景をひもといても解決されない謎がある。３人を消し去った人物は誰なのだろうか。

まず候補に挙がるのがロックフェラー財閥。石油ビジネスで巨万の富を築き、アメリカを支配したロックフェラー家もまた、プロテスタントの一族で、長い間ロスチャイルド家と対立関係にあった。

そしてこうなると、ロックフェラー、ロスチャイルド財閥とともに、世界３大財閥と呼ばれるモルガン家も、ＦＲＢ設立のメリットにからんでいてもおかしくはない。

ＦＲＢ設立、そしてフリーエネルギーによる利権、この二つが彼らが消された理由として納得できるだろう。

なお、モルガンについてはＦＲＢ設立に賛成の立場であり、フリーエネルギーから は手を引いている点から、「モルガン黒幕説」も仮説としては素直かもしれない。

余談だが、タイタニック号を巡る都市伝説にはＦＲＢ創設反対の阻止以外にも、オリンピック号というタイタニック号と瓜二つの船とすり替え、保険金詐欺を働いたという説もある。

タイタニック号は今もなお大西洋の深海で眠り続けているとされているが、実際に沈んでいるのは事故を2度経験し、廃船予定だった姉妹船であるオリンピック号だという説だ。

オリンピック号はタイタニック号が出航するおよそ半年前に軍艦ホークとの衝突事故を起こし、その結果、船体は非常に脆くなってしまい、保険をかけることが不可能な状態にあった。そこで、オリンピック号は外装をタイタニック号として装い、航海に出たのである。

要するに、保険をかけられない船をわざと沈め、オーナーであったＪＰモルガンが巨額の保険金を手にしたという話である。

また、前述のとおりアメリカはＷＡＳＰの国であり、３人のユダヤ系大富豪がアメリカで金を稼ぐことは目障りだったため、殺害が計画されたという説など諸説が囁かれている。

都市伝説とは、時に〝わざと〟諸説が囁かれることもあるのだ。

殺害事件についてＦＲＢ創設反対阻止のためと世間に騒がれてしまうことは、本望ではない。情報で情報を消す、タブーをタブーで隠すということは常套《じょうとう》手段なのだ。

水で走る車、アルコールで走る車、波動医療……石油利権で潰された超技術

▼完成するも、莫大な金額の取引を辞退していた「水で走る自動車」

ニコラ・テスラのフリーエネルギーに限らず、人類を確実にいい方向に導くはずの革新的技術が、権力者が自身の既得権益を守り、私腹を肥やすために消されてきた。

そんな消された画期的発明には、なんと水を燃料に走る車もある。

この水で走る車を開発したのは、アメリカ・オハイオ州の発明家スタンリー・マ

イヤーとスティーブン・マイヤーという兄弟だ。

マイヤー兄弟の発明のきっかけは、１９７３年に起きた第一次オイルショック[※3]により、世界中でガソリン価格が高騰したことだった。そこで、「ガソリンではなく、水で走る車をどうにかして作れないか」と、水燃料電池の研究を始めたのだ。

これは、水を電気分解して、水素と酸素に分離し、その酸素を爆発させると車が走るという発想だ。

試行錯誤の末、水を燃料に変換する装置が完成に近づいていくと、多くの企業が彼らの研究に興味を示した。それが現実になるならば、水は石油と比べてはるかに安価で、環境に優しい。排出するのも結局水であり、永久機関的な要素もある。「権利を譲ってほしい」という申し出もかなりあった。

その額は最大で８兆円まで上がったという話も伝わるが、マイヤー兄弟はそれらの申し出をすべて断った。「この発明は人類のためのものであって、企業が独占すべきものではない」とマイヤー兄弟は考え、お金には固執していなかったのだ。

※3　第一次オイルショック
アラブ産油国による原油生産削減と石油価格の大幅引き上げが、先進工業諸国に与えた深刻な経済的混乱。

しかし、研究開発に費用は必要。そこは、ベルギー人大富豪の資金提供もあり、1998年、ついに水燃料電池車が開発された。

その後、マイヤー兄弟は特許を取得。自動車産業の構造すらも変える革命的な技術の完成だった。このときも、アラブの石油会社から「10億ドルで特許を売ってほしい」という申し出があったが、やはり断っているという。

これで世の中が変わるはずだった。だが——**兄のスタンリーが急逝したのだ！**

水燃料電池車の完成パーティーが開催された1998年3月20日、マイヤー兄弟はベルギー人大富豪らとその席で乾杯し、スタンリーはジュースを一口飲んだ。その直後、スタンリーは喉を押さえ、外へ走り出した。あとを追ったスティーブンが、スタンリーの最期の言葉を聞いた。「彼らは私に毒を盛った」と。

しかし、警察はスタンリーの死を徹底調査したにもかかわらず、死因が毒殺ではなく脳動脈瘤であると発表。また、ベルギー人大富豪は現場に居合わせながらも、その死についてひとこともコメントを出していないようだ。

さらにスタンリーの技術は〝詐欺〟であったと書き換えられ、彼の技術は何者かに盗まれてしまった（現在、スタンリーの特許はすべて失効している）。

一方、残されたスティーブンは隠居し、後年静かに息を引き取ったようだ。

さて、スタンリーが本当に暗殺されたのだとすれば、一番の問題は「誰に毒を盛られたのか」だ。それを推察するには、世界を変えてしまうほどの画期的技術が広まったときに、〝世界で一番損をする者〟を考えれば自ずと答えは見えてくる。

当時、ロックフェラー家の支援により、アメリカは石油ビジネスで世界のトップに立っていた。おわかりだろう、スタンリーの技術で石油が売れなくなれば、アメリカはピンチに陥る可能性すらある。

そのようなことから、石油利権がらみの暗殺と見る識者も多い。

▼20世紀の禁酒法に隠された裏の意図

〝消された車〟の話といえば、アルコールで走る車というものもある。今から200年も前、1800年代の話だ。車の発明が1770年ごろなので、ほぼ初期のことである。

今でこそ車の燃料といえばガソリンが主だが、それ以前に燃料に使われていたのは鯨油だった。しかし、広く知られているとおり、アメリカは反捕鯨国だ（ただし捕鯨が中止されたのは1940年）。そこで、鯨油から転換し当時のエネルギーの主流となったのがアルコールだった。

この頃はすでに石油の採掘も行われていた。しかし、人々はあまり積極的な活用はしなかった。もともと屋根の塗料や道具の動きを滑らかにする潤滑油としての使用程度で、エネルギーとしての活用はあまりされていなかったのだ。今では考えられない話だ。

しかし１８５５年、街灯の燃料として石油の使用を推進する論文や報告書が世に出ると、実業家ジョン・Ｄ・ロックフェラーが「石油には将来性がある」と着目。１８７０年に石油会社スタンダード・オイルを創業した。

石油から精製されるガソリンは、かつては産業廃棄物同然の扱いを受けていたと知ると、意外に思われるだろうか。有毒で排ガスも出て、揮発性も高く、爆発の可能性もある。つまり、エネルギーとしての使用には、そもそも適していないのだ。

しかし、ここに勝算があった。使い勝手の悪い廃棄物で車が走るとしたら、どうだろう。値段が安いため、コスパは抜群だ。環境のことなど、気にしてはいない。

だからこそ、ロックフェラーはガソリン燃料の使用を広めていこうとしたのではないだろうか。

ただし、ガソリンの使用が勝手に広まるかといえばそうではない。障壁があった。当時、燃料の主流はアルコールであり、アルコール燃料自動車が台頭していたからだ。

では、どうすればいいのか？　答えは単純だ。アルコール燃料を潰せばいいのだ。

そうして始まった動きこそ、「近代アメリカ最大の悪法」とも揶揄される、1920年に施行された「禁酒法」である。これは、アルコール飲料全般の製造、販売、運搬、輸出入を禁じる法律だ。アルコール中毒や犯罪など、多くの禁酒派団体が訴えていたトラブルの発生を減らすことが目的だったとされているが、その裏には、禁酒法を制定することでアルコールを取り締まり、ガソリンの使用をアメリカ中に広めるという意図が隠されていたのだ。アルコールを取っ払ってしまえば、車を動かす燃料にはコスパのいいガソリンの使用を広めることができる。結果、石油で大儲けができるのだ。

また、石油が燃料の主流になるまで、アメリカの自動車会社であるフォード社は、アルコール燃料自動車をどんどん生産し、自動車業界のトップに立っていた。だが、ガソリン燃料自動車を作っていたドイツの自動車会社ダイムラーに、石油王ロックフェラーをはじめとする石油利権企業が次々に加担。ついにフォード社は敗北を喫する。アルコール燃料を使う車もまた、石油利権に消されたのである。

▼石油は本当に有限なのか？

ところで、地球上に石油がどのくらい埋蔵されているのかをご存じだろうか。

昔から「石油はあと50年で枯渇する」「数十年分しか残っていない」などといわれているのを、耳にしたことはないだろうか？　現在の技術では確認埋蔵量の枯渇が差し迫っている状況にあるということだ。

だが一方で、その言葉はどれくらい前から聞いているだろう？　小学校の社会の授業で「あと50年」と先生が言っていたのに、それから10年、20年過ぎた現在でも、「あと50年」と言われているのではないだろうか？

経済産業省資源エネルギー庁によれば、世界の石油確認埋蔵量は、2020年末時点で1兆7324億バレル。可採年数は53・5年だという。新たな油田や石油資源の発見、回収率の向上、採掘技術の進歩、アメリカのシェールオイル、ベネズエラやカナダの埋蔵量が確認されていることから、可採年数は増加傾向にあるそうだ。

そもそも石油[※4]が有限とされる根拠は、石油が生物由来の物質であることとされる。石油や天然ガスの起源は、今から2億年前、恐竜をはじめ当時の生物の死骸が地中に埋まり、長い歳月をかけてできたものとされる。「化石燃料」と呼ばれる所以《ゆえん》であり、有機物由来ということになる。

だが、「石油は本当に生物由来なのだろうか?」と疑問を呈する説が、近年囁かれている。それを**「石油無機起源説」**という。石油は化石燃料ではないかもしれないのだ。

その根拠とされる論点が二つある。

※4
「石油があと50年で枯渇する」と最初に言い始めたのは、ローマクラブの創設者、アウレリオ・ペッチェイという人物。彼は1972年に「成長の限界」(The Limits to Growth) というレポートを公開した。その内容は、人口増加や環境汚染がこのまま続けば100年以内に人類の成長は限界に達するということを示したもので、このレポートを発表した翌年に第一次オイルショックが起きたため、オイルショックは意図的に起こされたのではないかという噂すら存在する。また、2020年に発表された計量経済学者

一つは、石油の分布だ。かつての生物の分布とは明らかに異なるというのだ。化石燃料では考えられないほどの超深度、つまり、すごく深いところから原油が見つかっている。だから、化石燃料ではないかもしれない、と。

二つ目に、ヘリウム、ウラン、水銀、ガリウム、ゲルマニウムなど生物起源では説明できない成分が含まれていることも無機由来説の根拠だ。

石油無機由来説は常識から考えれば驚愕だが、もう一つ、石油の常識が変わる説にも触れておこう。**それは、石油は結局のところ、ほとんど水なのかもしれないという説だ。**つまり、水燃料もあながち荒唐無稽なものではないということである。

水と空気を使って石油を作る。この燃料を作るのに二酸化炭素を使うから、むしろ環境にいい。

また、水燃料車のほうが石油（ガソリン）より車を走らせる際の燃費もいいという話もある（3・7リットルの水で、160㎞の距離を走行。東京から那須まで行けてしまう燃費のよさだ）。

のガヤ・ハリントンという人物が「成長の限界」について再検証した研究によると、今後10年以内に経済活動ピークを迎えて衰退を始め、最悪の場合は2040年頃に社会の崩壊を引き起こすと予測されている。

石油がほとんど水なのだとしたら、いつまでも「あと50年で枯渇する」と喧伝することはないように思える。だが、そうはいかない。

〝有限〟であることは、それが付加価値だ。石油を有限にしたほうが、価格も吊り上げやすくなるから、お金も儲かる。

そこで1892年、スイス・ジュネーブ会議にて、ロックフェラーが科学者を雇い、資金を援助し、石油の生物由来説を確定させたという話があるのだ。

本来ならいいものが、利権によって消される。そういう構造が、ここにもあるのだ。

▼あらゆる病気を消す波動医療がなぜ普及しないのか

これだけ科学が発達した世の中にあっても、病気で亡くなる人は必ず存在する。

がんや心疾患といった死因の上位を占めるものから、インフルエンザをはじめとしたウイルスなどによる感染症まで、人類が克服できていない病気は多い。

ところが、そんな病気をある技術でことごとく治してしまう、夢の治療法があるとしたら、いつか受けてみたいと思わないだろうか。


その治療法とは、「波動医療」である。

波動で病気を治す、アメリカの科学者ロイヤル・レイモンド・ライフによる周波数調整器の話を聞いたことはないだろうか？

わかりやすくいうと、オペラ歌手が高い声を出して共振させ、ワイングラスを割るという技のイメージに近いだろうか。物には固有振動数というものがある。この振動数に近い周波数の音波を与えることで、グラスが振動して割れるのだ。

ライフ博士は、「この要領でがん細胞やウイルスを破壊できるのではないか」と発想。**１９３０年代までに技術研究を進めた結果、ウイルス性のがん細胞やインフルエンザ・ウイルスなどを死滅させる共振周波数を発見した。**

その後、1934年に南カリフォルニア大学に特別研究チームを結成して、末期がん患者を集めて実験を行った〝と、される〟。

結果、90日間、生きられるかもわからなかった患者たちの86・5％が、90日過ぎた時点で、もう治っていたのだ！

驚異的である。では、残りの13・5％の患者はどうだったのかというと、4週間後には治癒していた。したがって、最終的に100％の末期がん患者が助かったことになるのだ。

これほどの常識を覆す結果だ。関心を示す科学者も当然ながら現れる。それが、モーリス・フィッシュベイン博士だ。

彼は、ライフ博士の周波数調整器の独占権を得ようと、ライフ博士に申し出た。しかし、これは断られてしまった。

この出来事との因果関係は不明だが、その後に、ライフ博士の周波数治療器の装置は破壊され、書類や写真、映像データなど、5682点もの備品は何者かに盗まれたといわれている。

のちにライフ博士の研究が真実であったか再現しようとしても、実証するための材料が失われてしまったわけだ――つまり、これもまた〝消された技術〟ということになろうか。

ライフ博士の周波数調整器の研究もまた、「石油利権に消された」といえる。考えてみてほしい。医薬品の原料をたどっていくと、石油に行き着くものが多くあるのだ。全部とはいわないが、極論すれば、薬は石油由来でもある。

周波数調整器があれば、薬がいらなくなる。しかも、安価な医療でもある。だから、あっという間に医療業界に広まるポテンシャルもある。

使われだせば、必要のない医薬品が増える。しかも治療できてしまうので、継続的な医薬品の使用が見込めない。その分の医薬品が売れなくなる＝石油が売れなくなってしまうというわけだ。

なお、フィッシュベインは当時、全米医師会のすべての株を保有しており、医療業界と製薬業界を支配していた人物だ。

結局、ここでも、石油利権である。

そう、消されるものは大体、石油に繋がってくるのだ。それだけ〝一番の利権〟であるといえるし、世界を変える希望に溢れる発明すらもなかったことにしてしまう、〝罪深い利権〟なのだ。

ちなみに、波動医療はドイツやロシア、中国などでも、現在使われている代替療法だ。新しいものでもなんでもなく、その根拠は気やプラーナなどと呼ばれるもの。森羅万象あらゆるものは微弱な振動をしているので、それを正しい振動に戻せば、病気の状態は改善し、細胞が元に戻るという古代からの考え方だ。

そうしたある種〝伝統的な〟方法さえ、石油利権は闇に葬ってしまうのである。

なぜ、革新的な技術が封じられるのか？

▼STAP細胞騒動とドイツ、アメリカで再現に成功したSTAP現象

もう一つ、医療がらみで封じられてしまった革新的な技術について触れておこう。

「STAP細胞はあります」

この言葉を見聞きすると、ある女性の声が脳裏をよぎる方も少なくないだろう。
それだけこの細胞の話題とその顛末は、繰り返しメディアで過熱報道され、やがて世間から忘れられた。

まずは表向きの事の経緯を振り返ろう。

STAP細胞は当時、理化学研究所の研究員だった小保方晴子を中心に、ハーバード大学教授チャールズ・バカンティ、山梨大学の若山照彦らが共同で発見した万能細胞だ。2014年1月、科学誌『Nature』[※5]に論文が掲載されたことで、世界中に驚きを与えた。

何が驚きだったのかといえば、STAP細胞は、体を作るどのような細胞にも分化できる（＝多能性）細胞だからだ。

まさに生物学の常識を覆す夢の細胞ということで、新たな研究分野も開けると、期待と歓迎ムードでの発表となったのだが……わずか2か月後に空気は一変する。データ改ざんが指摘され、「論文は捏造されたものだ」と言われだしたのだ。

結果、2014年4月には理化学研究所が論文の捏造を認める。『Nature』の論文も撤回され、小保方氏は早稲田大学の博士号も剥奪。彼女は〝詐欺師〟のレッテルを貼られることになり、STAP細胞は完全にその存在を消された。

※5 Nature
世界トップクラスの総合科学誌。1869年の創刊以来、画期的かつ高品質な査読研究論文を掲載し続けている。

あれから10年が経過した現在、STAP細胞が話題に上がることはほとんどないだろう。だが、実は海外では研究が続けられていることをご存じだろうか。なぜなら、細胞が多能性を示すSTAP現象が再現されているからだ。

まず、ドイツのハイデルベルク大学の研究チームが、がん細胞の一種を使って細胞が多能性を獲得する、いわゆるSTAP現象の再現実験に成功しているのだ。

また、アメリカの複数の大学でも研究が進んでいる。特に、ハーバード大学では、特許の申請もされている（ただし、申請が拒絶されているとする情報もある）。

つまり、**STAP現象は再現されているため、あながち完全な嘘だったとは言いきれないのだ。**

実際、小保方氏はSTAP細胞を見つけていた可能性もある。問題は、その再現ができず、論文の内容を証明できなかったことにあるのだ。

なぜ、「データ改ざんだ」「捏造だ」と叩くだけでなく、（それこそハイデルベルク大学の研究チームのように）慎重に検証せず、まるで穢らわしいものを消し去るように、葬ることに躍起になっていたのだろう。

そこには、〝闇〟があるのだ。

▼夢の技術ＳＴＡＰ細胞が普及すると不都合な人たち

ここで、細胞についての話に触れておく。科学の本ではないので、おおまかにイメージをしていただければと思う。

まず、人間には大きく分けて2種類の細胞がある。それが体細胞と幹細胞だ。

体細胞とは、生物の体を構成する細胞のことで、精子や卵子などの生殖細胞以外のものを指す。体細胞には寿命があり、1日〜3か月で寿命が終わる。よく「人の体の細胞は、３か月で丸ごと入れ替わる」などというが、それはこの体細胞のメカニズムに由来した話だ。

体の各部位に応じた体細胞を作るのが、幹細胞である。さまざまな細胞を作る能力があるが、一度特定の細胞になるとその能力は失われる。例えば、内臓そのものを切除すると、その内臓を作り出す幹細胞はなくなるので、再生できないことになる。

そこで幹細胞を人工的に作ろうと、体のあらゆる細胞に分化できる細胞（＝万能細胞）の研究が行われた。これができれば、失われた内臓を再び作り、復活させられるようになる。

そこでできたものが、「ＥＳ細胞」[※6]だ。ＥＳ細胞は実は１９８０年代には完成していた。ただし、人間の受精卵由来の細胞であり、当時は倫理的な観点から〝禁断の研究〟という扱いを受けていた。

※6　ＥＳ細胞
胚性幹細胞。万能細胞の一種で、さまざまな細胞に分化し、増殖する能力を持つことから再生医療に応用できると期待されている。

この倫理的な枠を取っ払うことができたのが、2006年に京都大学の山中伸弥教授らが作製に成功した「iPS細胞」[※7]だ。再生医療の現場で画期的な発見といわれ、2012年にノーベル医学・生理学賞を受賞したのでご存じの方も多いだろう。

これは特定の遺伝子に、とある遺伝子操作を加えると、すでに特定の役割を持つようになっている体細胞が、万能細胞の状態まで初期化するというものだ。

だが、iPS細胞自体は、がん細胞に変わるリスクが高かった。体細胞が初期化すると、いつがん化するかわからないような状態になってしまうのだ。実用化するうえでは、大きなハードルになっていたという。

一方、そのリスクを回避できるはずだったのが、STAP細胞だったのだ。

「STAP細胞が実用化できるなら、そっちの研究を進めるほうがいい……」と思うのは、医療利権にからまない人々の思考だ。

本章で何度も触れてきたが、利権にからむ側からすれば〝儲かるほうがいい〟の

※7 iPS細胞
人工多能性幹細胞。京都大学の山中伸弥教授によって命名された。ES細胞と同じような分化万能性があり、受精卵から作るES細胞のような倫理的制約がなく、拒絶反応が起こりにくいことから再生医療の分野で注目されている。2006年にマウス体細胞、2007年にヒト体細胞の樹立に成功。

だ。

・iPS細胞のように、いつがん化するかわからないほうが、医療利権的には都合がよい。そのために、健康診断や定期的な診察を受ける必要も生じるし、がん保険などでも儲かる。がんは儲かるのだ。

そういう点においては、iPS細胞のほうが普及するうえでは都合がよいのだ。STAP細胞には大人しくしていてほしい。あわよくば消えてほしい。そのような闇があるのだ。

STAP細胞の不幸は、大きく分けて2点。

発表するタイミングが早すぎたこと。そして・iPS細胞と少し被ってしまったことだろう。

だから、再現できる確実性や予算、特許の兼ね合いなどの部分で消されたということもあるだろう。

また、こういう技術は早めに出さなければいけないというところから、焦ってしまったということもあるだろう。

論文データに多少稚拙なところがあったのも、先に特許を取られるとまずいという焦りが招いてしまったミスだったのではないだろうか。

iPS細胞を守るためにも、STAP細胞の過熱報道は巻き起こされた。注目が集まれば、すぐにデータの改ざんや、博士論文の盗用に気づき、指摘も巻き起こる。だから、STAP細胞の急ぎすぎた発表は、その研究の信憑性をおとしめる罠だったのだ。

▼製薬業界の衝撃のルーツ

革新的技術を封じる、製薬会社や医療業界の〝力の源泉〟として、これまで何度も述べてきたように石油が見え隠れしていることがわかる。

医療業界にずぶずぶに入り込んでいるのは、もともと石油で財を成していたロックフェラーをはじめとした存在だ。そのルーツは、もう少し遡ることができる。「禁禁禁（タブー）」の深淵へ、もう一段降りてみよう。

そのルーツとは、ヨーロッパとアジア地域との貿易を特権的に行っていた「東インド会社[※8]」に見ることができる。

学校で習う歴史を思い起こすと、東インド会社が扱うものとして胡椒などの香辛料のイメージが強いかもしれないが、ここで触れておきたいのは「アヘン」だ。**東インド会社は、質の悪いアヘンをインドや中国に売りつけて、巨額の富を成していった。** 製薬業界の元をたどっていくと、そういう組織が母体になっているのだ。

言うまでもなくアヘンは麻薬であり、人体に悪影響を与える。だが、売る側からすれば悪影響など気にすることではない。売りつけ、金儲けさえできてしまえば、

※8　**東インド会社**
17世紀に欧州諸国に設立された会社。アジア地域との貿易や植民地経営で財を成した。

後は知ったことではないのだ。

なぜ、彼らはそれほどまでに〝無責任〟なのだろうか。その背景にある思想がある。そう、**「優生思想」**だ。

優生思想とは、人類の遺伝的素質を改善することを目的とし、悪質の遺伝的形質を淘汰《とうた》し、優良なものを保存することを研究する学問である「優生学」を基にした思想だ。

そうした思想が強い人たちが、東インド会社のようなビジネスを始めているため、「自分たち以外は死んでも構わない」「金を儲けられるなら手段を選ばない」という考え方になりやすいのだ。

そういう人たちの思想がのちに、「フェビアン協会」[※9]設立に繋がる。

これは19世紀後半に創設されたイギリスの社会主義の知識人たちによる組織のこ

※9 フェビアン協会
1884年結成。イギリスの社会主義団体。古代ローマの知将ファビウスにちなんで名づけられた。ウェッブ夫妻、B.ショーなどの知識人が主体で、啓蒙活動に力を入れ、穏健な手段によって社会福祉国家の実現を目指した。

とだ。そして、このフェビアン協会が母体となり、ロンドン・スクール・オブ・エコノミクスという大学が成立した。

このロンドン・スクール・オブ・エコノミクス出身者は、ほぼ全員エリート街道を進む。卒業生には、デイビッド・ロックフェラー、ジョージ・ソロスなど名だたる人物がおり、現在までに卒業生、教員、創立者から計19人のノーベル賞受賞者、53人の大統領や国家元首を輩出している。

普通に考えればいわゆる〝名門〟ということになるのかもしれない。ただ、先にも触れたとおり、優生思想がベースにあるのであれば、白人至上主義が根本にはあるのだろう。

前述の数々の革新的技術を消してもいいと思っているし、自分たち以外は、みんな病気になっても構わない、人の命を救おうなど、そもそも思っていない存在がルーツになっている。

既得権益を持っている存在が、その技術の登場で金儲けできなくなる。
車が水で走られたら困る。
病気が治ったら困る。
フリーエネルギーで地球全体に電気が行き渡ったら困る。

だから、彼らの利権を脅かすものは、消していく。

さて、本章の最後にSTAP細胞関連で一つ補足しておこう。

ドイツのハイデルベルク大学がSTAP現象の再現に成功して、ハーバード大学が特許の申請をしているという話をした。なぜ、日本では潰されたのにドイツやアメリカでは研究が進んでいるのか？

これは、〝その特許〟を誰が持つかが肝なのだろう。なにせ、ハーバード大学なら利権関係の点で、潰す側と蜜月の関係があるのだから。
最終的には、利権を持つ側にも有利なものになっていくから、守られているのだろう。

第3章

食

あなたの口にも入っている食べてはいけない劇物

心身に支障をきたす身の回りにある添加物

▼グルタミン酸ナトリウムとグルタミン酸は、まったくの別物である

「気にしていたら、何も食べられないよ……」こんな声が聞こえてきそうなタブーがある。

それが〝食〟にまつわるタブーだ。

特に、食品添加物にまつわるタブーはたびたび報道される。あえて目を瞑《つむ》っている読者も少なくはないだろう。

だが、断言しよう。このタブーを避けて生きることは、決してあなたとあなたの周りの大切な人のためにはならない。

添加物といえば、頻繁に論争になるものがある。グルタミン酸ナトリウム（ＭＳＧ）だ。日本の食品では、「うま味調味料」の呼び名でおなじみで、数多くの加工食品に入っている。

ただし、海外では制限や禁止をされている国もあるため、安全性に関しては疑問の声が頻繁に上がっている。

なぜ、ネット上ではここまで頻繁に論争が巻き起こるのだろうか。

それには、一つの誤解が関係している。その誤解とは、「グルタミン酸は昆布にも入っている」という情報だ。

これは、グルタミン酸ナトリウムを擁護する際に頻繁に使われる主張だ。これ自体は間違っていない。しかし、覚えておいていただきたいのが、**グルタミン酸ナトリウムとグルタミン酸は、まったくの別物である**ということだ。

一度、整理しておこう。

まず、グルタミン酸ナトリウム。これは化学的に精製された化学調味料だ（現在はうま味調味料と表記される）。

日本では使用に規制はなく、とても使い勝手がよい。例えば、醤油の製造には本来発酵に長い時間がかかる。ところが、グルタミン酸ナトリウムのおかげで、わずか2〜3日で作れてしまう。もちろん発酵させていないので〝醤油もどき〟ではあるが、それでも安価でおいしく、一般家庭での料理であれば違和感もないだろう。

さらに、ベビー食品にもグルタミン酸ナトリウムは添加されている。子どもが好きなスナック類にも大量に入っているのだ。

一方、後者のグルタミン酸は天然のものだ。昆布、椎茸、トマト、チーズなど、いろいろな食物に入っている。

グルタミン酸は自然から獲れる食物に含まれている成分。それでは、グルタミン酸ナトリウムはどのように精製されているのだろうか。現在の精製法に触れる前に、かつて行われていた方法とそれゆえに出回った陰謀論をご紹介しよう。

それは、「グルタミン酸ナトリウムは石油からできている」という説だ。

確かに1970年代までは、石油製法で製造していたようだ。石油由来のアクリロニトリルからグルタミン酸を合成して、ナトリウム塩としていた。これには、発がん性があった。この頃は、化学調味料という名称が浸透していたが、そのために悪い印象が定着してしまい、うま味調味料→調味料（アミノ酸等）と名称が変わっていたようだ。

ここまでは、過去の話だ。現在のグルタミン酸ナトリウムの精製法についても触れておこう。

現在では、サトウキビからうま味だけを抽出して、それを精製しているといわれている。実際、グルタミン酸ナトリウムを販売する企業のホームページを見ると、「自然由来で」とも書いてある。「それなら安心・安全なんだ」そう思えただろうか？

もちろん、話はここで終わらない。

サトウキビから砂糖を作る過程で出た廃糖蜜を使用するのだが……〝**遺伝子組み**

換えバクテリアと、化学物質の反応〟で作り上げているという。要するに「自然由来」を謳《うた》ってはいるが、遺伝子組み換えや化学反応を起こして作っているようなのだ。しかも、食品添加物として申請されているので、自然由来のものではないのは間違いないということだ。

とはいえ、この話は世間の関心を大きく集めているわけではない。なぜなら、**これに関しては、遺伝子組み換えの表示は不要だから**だ。理由は、グルタミン酸ナトリウムが、遺伝子組み換え技術によって生産されていても、最終物質が純粋なアミノ酸であり、ナトリウムなどをそぎ落とした純粋なものであるためだ。

健康影響の評価を審査する必要がなく、「遺伝子組み換え」と表示する必要もない。だが、**どうしても製造過程で、遺伝子組み換えバクテリアによって人工的に作られているというのはまぎれもない事実**なのである。

▼海外では表記が当たり前、一方日本は……

日本ではグルタミン酸ナトリウムの使用に関する規制はない。逆にいえば、日本とは異なり、規制されている国はある。例えば、アメリカやカナダだ。

両国でもグルタミン酸ナトリウムは売られている。ただし、これを使用している加工食品には、使用していることを明示しなければならないのだ。それも、「発がん性があるかもしれません」のようにはっきりと……。

こうした表記が必要なのだから、むしろグルタミン酸ナトリウムが入っていないことは売り文句になる。それだけ、グルタミン酸ナトリウムは好かれていない添加物ということなのだ。いや、好かれていないどころか、悪いイメージすら持たれている。

アメリカでイメージが悪いのには、理由がある。それが、1968年に起きた「中華料理症候群事件」だ。

1960年代のアメリカでは、グルタミン酸ナトリウムは家庭でも料理店でも使われる一般的なものとして浸透していた。ところが、中華料理を食べた後に、頭痛、体のしびれ、動悸、体のほてり、疲労感などの症状を訴える人が急増した。

原因として疑われたのは、中華料理に使われていた大量のグルタミン酸ナトリウムだった。

その後、いわゆるグルタミン酸ナトリウムを摂取して現れる症状は「中華料理症候群（Chinese restaurant syndrome）」と呼ばれ、避ける人が増えたのだ。

実際のところ、グルタミン酸ナトリウムが原因だったのだろうか？

脳生理学分野や生化学学会などでは、グルタミン酸ナトリウムは「神経興奮毒物」といわれている。摂取すると、脳の扁桃体や海馬が刺激されて、**化学的なうま味をおいしいと勘違いし、味覚が麻痺してしまうため、「毒物」と呼ばれている**のだ。

さらに、自閉症の原因の一つに、興奮毒というものがある。その要因の一部としてグルタミン酸ナトリウムが疑われている。特に、胎児から幼児の時期に過剰に摂取すると、脳に深刻なダメージを負い、これが原因となって自閉症を引き起こすことがあるといわれているのだ。

さらに、ここまで関係があるかどうか明言できないが、こんな統計がある。平成のデータだが、公立の小・中学校に通っている障害のある児童・生徒の数が、年々増加傾向にあるのだ。平成5年から平成29年の間で、約8・8倍に増えている。

その一方、日本ではうま味調味料の摂取量が年を追うごとに増えている。醤油もどきの話もそうだが、いろいろな食品や調味料などに、ほぼ入っている。外食なら何が使われているのかもわからないし、いちいち注文のたびに確かめようもない。しかも、国が「自然由来なので安全だ」と言っているから、なおさら使われる機会が増えている。

問題は、人体にすぐさま影響が出るわけではないということだ。親から子へ、世代を経るごとに影響が増していく可能性もある。さらに、地域ごとに使用を禁止することもできないため、明確に影響を検証することすら不可能だ。そこが添加物の罠ともいえるところであり、卑怯なところなのだ。

▼健康志向とは裏腹にリスクだらけの人工甘味料の実態

話題に上がりやすい食品添加物の例として、グルタミン酸ナトリウムをまず取り上げたが、もちろん問題がある添加物がそれだけであるはずはない。

それが、**人工甘味料アスパルテーム**だ。

アスパルテームは何に使われているか。チューイングガム、ゼラチン、アイスクリーム、ヨーグルトなどの乳製品、朝食用シリアルなどのさまざまな食品・飲料製品、歯磨き粉、咳止めやチュアブルビタミンをはじめとする医薬品など、広く使用されているのだ。

カロリーゼロ飲料と呼ばれるものや、黒酢、リンゴ酢など、一見ヘルシーな雰囲気のあるダイエット飲料や健康飲料の成分表示にも、「アスパルテーム」はごく一般的に見られるはずだ。

日本ではアスパルテームは某企業がその特許を取得しており、食品衛生調査会の審査を経て、1983年に厚生省（当時）により食品添加物に指定されている。「科学的な見地から厳密な審査を行った結果、安全である」となっている。そう、〝日本では〟……。

2023年7月14日。WHOの専門組織である国際がん研究機関から次のような発表があった。**アスパルテームは、人に対して発がん性がある可能性がある。**そのため、一般的な使用量では安全性に大きな懸念はないが、さらなる研究が必要だ、と。

国際がん研究機関が定める4段階ある基準のうち、アスパルテームは下から2番目の2Bに分類された。これは、ガソリンやガソリン由来の排ガス、鉛などと同じ分類になる。

早まらないでいただきたいのは、この分類は発がん性があるかどうかの根拠の確からしさを示すものであるということ。発がん性の強さやがんが発生する可能性の高さを示しているわけではない。

しかし、WHOと国連食糧農業機関で作る合同食品添加物専門家会議は、アスパルテームの1日摂取許容量を体重1kgあたり40mgと評価している。例えば、体重が70kgの人なら、1日の許容摂取量は200〜300mgのアスパルテームを含む清涼飲料水9〜14本に相当するものだ。

つまり、一般的な使用量では安全性に大きな懸念はないようだ。

だが、潜在的な影響もまた指摘されており、その毒性はまだ未知であるという。安心はまったくできないともいえるのだ。

この研究結果をもってして、アスパルテームについて気にしすぎといえるだろうか。別の研究発表も見てみよう。

2023年9月、フロリダ州立大学医学部の研究チームによるものだ。アスパルテームを含む水をマウスに摂取させ続け、認知能力に及ぼす影響を調査した。その結果、**アスパルテームを摂取させ続けると、空間学習能力や記憶力が低下し、その影響は子孫にまで受け継がれることが示された**のだ。なんと、マウスの脳に穴が開いてしまうという話まである。

多くの日本人は、すでに何十年以上もアスパルテームを摂取している。子孫たちへの影響はどうなってしまうのだろうか……。

ほかにも、アスパルテームが含まれる「ゼロカロリー飲料」[※1]を摂取することで、痩せるどころかむしろ太ってしまうという研究結果もある。

これは脳の味覚を司る部分が、人工甘味料を摂ったときに「ああ、糖質がきたぞ」と勘違いしてしまうことに原因がある。その結果、より食欲を加速させてしまうと

※1　実験により、人工甘味料の摂取後は塩辛いスナックよりも甘いスナックを好む傾向が高まることや、満腹感が得られることで他の栄養素の摂取が不十分になるリスクも指摘されている。

いうのだ。脳は糖がきたと騙されるのだが、実際に体に糖は入っていない。この脳の誤認が、さらなる糖質を求めてしまうのだ。

このように各機関が調査研究を進める中で、たくさんの論文が出てきている。いずれにも共通している点が、アスパルテーム＝神経毒というところだ。

ボストンの婦人科病院の科学者による11年間の研究では、人工甘味料アスパルテームを使用したダイエット飲料は、腎臓機能障害に深く関わっていることが判明した。ほかに失明や鬱などを引き起こした例もあり、やはり神経毒の要素が見られるのだ。

なぜ、安全ではないとわかっている添加物がなくならないのか？

▼有害だとわかっていながら承認されたアスパルテーム

アスパルテームがいかに有害であるか、その情報は前述のとおり尽きないほどある。自ら情報を取りにいこうと思えば、さらに多くの事実を把握できるだろう。

ならば、「有害だとわかっているのに、なぜこのような添加物がわれわれの日常に溢れているのだろう？」と思わなかっただろうか。

そこに、タブーが潜んでいるからだ。

そもそもアスパルテームは、G.D.サール社というアメリカの製薬会社が作ったもの。胃潰瘍の薬を開発していたとき、偶然見つかったとされている。1973年にアメリカ食品医薬品局（FDA）に承認許可申請が行われた。しかし、このときは有害性や有毒性など、さまざまな問題があるということで承認されなかったのだ。

ところが、1977年、アメリカのフォード政権で国防長官を務めていたドナルド・ラムズフェルドが、G.D.サール社の最高経営責任者（CEO）に就任。ここから風向きが変わる。

1981年、FDAの局長に新たに就任したアーサー・ヘイズは、一度は非承認が決まったアスパルテームを一転して承認してしまう。もちろん、人体に有害だと知ったうえでのことだ。さらに、認可したヘイズは承認直後にFDA局長を辞任しているのだが、実は彼は、ラムズフェルドの息のかかった人物でもあるのだ。

その後、ラムズフェルドの権力は強まっていく。アメリカ医学協会、アメリカ糖尿病協会、全米食事療法協会などの権威を次々に買収。このことで、アスパルテームの使用が推進されるようになったといわれている。アスパルテームの歴史は権力の歴史といっても過言ではないだろう。

もう少し、アスパルテームの闇を覗いてみよう。

1985年にG.D.サール社は、モンサント社（現バイエル社）に買収されている。同社はアメリカ、ミズーリ州クレーブクールに本社を持つバイオ化学メーカーだ。遺伝子組み換え技術を研究しており、遺伝子組み換え作物市場の世界シェアは90%を誇る。ベトナム戦争において、史上最悪の枯葉剤であるオレンジ剤が使われた話はあまりにも有名だ。

そのモンサント社がアスパルテームを作っているわけで、アメリカの生産工場での製造の過程には、**遺伝子組み換えバクテリアが使われている。これは、先ほど見てきたグルタミン酸ナトリウムとまったく同じだ。**

その事実は1999年、イギリスの新聞社インディペンデントの調査によって判明した。生産するプロセスとしては、アミノ酸として知られているフェニルアラニンとアスパラギン酸を組み合わせることで作っているという。モンサント社は、その際に使用する細菌を遺伝子組み換えすることによって、フェニルアラニンをより大量に生産できるという。

▼アスパルテームの語源でひもとく支配の構造

実はアスパルテームは、語源をひもとくとさらに危険性が理解できる。

アスパルテームの「テーム」には、英語で「飼いならす」「服従させる」「隷属させる」という意味があるのだ。また、「アスパル」に関しては、スペイン語で「〝X〟字形の十字架にはりつけにする」「苦しめる」という意味を持つ。

これまでわれわれのチャンネルや、『シン・人類史』『アナザー・ジャパン』といった書籍を追ってきてくださった方なら、何か気づかれたのではないだろうか。

そう、〝X〟だ。すなわち、**アンチ・キリストのシンボルでもあり、ニムロド[※2]の**

※2　ニムロド
「方舟伝説」で知られるノアの曽孫にあたり、血統でいえばアヌンナキのエンキ側（アトランティス側）の血を濃く残す者。よく知られるところでは、神に届く塔である「バベルの塔」の建設を推進した人物であり、神の反逆者である悪魔マルドゥクと同一視される、古代バビロニアの最高神。

シンボル、キリストを処刑したシンボル、そして優生思想のシンボルである。

もともと、Xというシンボルは、トランスヒューマニズムなどを提唱している人たちがルーツであり、それはスカル・アンド・ボーンズ[※3]を創設したラッセル家などから派生しているもの。そうした起源からも、アスパルテームは人類を奴隷にする意思を感じざるを得ないのだ。

なお、ラムズフェルドは、ジョージ・ブッシュ政権の時代のアフガニスタン侵攻、イラク戦争のときに国防長官に就任している。ブッシュ一族は悪名高きラッセル商会と繋がりがあり、優生思想を持つ人や企業とも関係している。

G.D.サール社のCEO以外にも、いろいろな物議を醸す医薬品タミフルを作っていたギリアド・サイエンシズという製薬会社の会長も務めていた時期もある。

つまり、軍事・医療・製薬……利権と深くからんでいる場所にずっといるような人なのである。彼を調べれば、本書で扱う〝禁忌〟に何重にも重なっている人物の一人であることがわかるだろう。

※3　スカル・アンド・ボーンズ
アメリカの名門校イェール大学の学生による主に白人・プロテスタントのエリート層からなる組織。歴代大統領や政府要職者、産業界のリーダーにも出身者が多い。

彼が推進したアスパルテームは、不妊とも関係がある。そこに人口削減のねらいが見え隠れする。だから、アスパルテームには、食、医療、人の命をコントロールすることすべてに密に接し、循環する点で、ただの体に悪い添加物ではなく、それ以上の深い意味を見出せるのである。

▼〝環境に優しい〟除草剤と大麻合法化

アスパルテームのように、添加物で有毒とされるものが、〝安全〟なものに置き換わる。モンサント社はまさに、そのターニングポイントだ。

例えば、モンサント社が販売している農薬（除草剤）ラウンドアップ。これに含まれるグリホサートもそうだ。

ラウンドアップはかつて世界中で使用が推奨されていた。しかしルーツは、ベトナム戦争で使用された枯葉剤という説がある。嫌な〝フリ〟をしたことからもわかると思うが——グリホサートは発がん性や腸内環境への影響、地球環境への悪影響が指摘されている。

そうした経緯において当然ではあるが、世界中でその使用は禁止されている。だが、どういうわけか日本では世界的に危険性が明確になっていた2016年に「グリホサートの安全性を確認した」との評価書が公表された。これを受けて厚生労働省は2017年12月、一部の農産物のグリホサート残留基準値を引き上げたのだ。

要するに、**安全とされる基準のラインをズラしたのである**。そのため、日本ではラウンドアップは〝環境に優しい除草剤〟などと宣伝して売られている。

「大麻合法化」[※4]というワードを目にしたことはないだろうか。ここにも、モンサント社の影がちらつくのだ。

2015年にモンサント社が、ウルグアイで医療大麻ビジネスに参入している。そのタイミングで世界中のあらゆる地域で、大麻合法化という流れが起きた。危険

※4　**大麻合法化**
2013年にウルグアイが国家として初めて合法化。2024年にはヨーロッパ主要国では初となるドイツでの合法化がされたほか、カナダやアメリカでも半数近い州が合法化している。

なものが〝安全〟になるのだ。

モンサント社が入る以前、大麻といえばイメージ的には煙たがられているようなものだった。だが、モンサント社が入ってきたタイミングで、肯定的なものに変化した。それも一気に。

例えば近年、大麻成分であるCBDには疲労回復や精神疾患の改善、睡眠の質の向上など多くのメリットがあることが世界中の研究で明らかになっており、CBDが添加された電子タバコやオイルが多くの人に支持されている。

日本では古来、布や紙、儀式などにも大麻は使われてきたが、戦後GHQによって日本国憲法が公布され、大麻取締法が成立した。

しかし、モンサント社が大麻ビジネスに参入したタイミングで、大麻合法化の流れが世界中で加速しているということは、現在出回っている大麻はもう安全なものとは断言できず、人為的に改変されたものである可能性も否定はできないのだ。

添加物でいえば、安息香酸ナトリウムというものもある。いわゆる指定医薬部外品の栄養ドリンク剤に入っていて、薬物的なものではない。しかし、問題は糖質が多いことだ。

安息香酸ナトリウムが2%含まれたエサと5%含まれたエサをラットに4週間与え続けた結果、5%のエサを与えたラットは、すべて過敏状態、尿失禁、痙攣《けいれん》などを引き起こして死んだという話がある。

もちろん市販の栄養ドリンク剤には、5%ほどの量などは入っていない。だが、人体への蓄積は考えられないだろうか。毎日飲み続ければ、危険性は高まる。特に腎臓にダメージがある。何十年も飲み続けていると、腎臓がんになるともいわれているのだ。

添加物に関しては、まだある。日本の大手製パン企業の、食パン生地ベースの菓子パンに入っている臭素酸カリウム。これは、添加物界では危険といわれている。しかも、臭素酸カリウムは、安全性が確定しているという理由から成分表示で表記しなくていいようなのだ。ただし、実際は発がん性物質である疑いが強く、ラットに与えると、皮膚がんや肝臓腫瘍ができるともいわれている。安全の確証になる研究が古いままの可能性があるかもしれない……。

ただ、一時期臭素酸カリウムを使っていた製パン企業では、使用中止になったことがある。それがなんと、2020年3月に「使用を再開する」とホームページで発表された。

臭素酸カリウムにはパンを柔らかく、モチモチとさせる効果がある。外国で日本の菓子パンにあたるパンを食べたことがある人ならわかると思うが、外国のパンは日本のパンに比べて硬いものが多い。EU加盟国の多くや中国では長年臭素酸カリウムの使用が禁止されている。

ごま油にも注意が必要だ。菜種油や大豆油とごま油を混ぜた「調合ごま油」というものがある。ラベルを見ると、「ごま香油」などと書いてある。当然、本物のごま油ではない。

このブレンドに使われている菜種油の原料の菜種の99%は輸入に頼っていて、そのうちの97％がカナダから輸入されている。そこまではいい。問題は、「カナダで生産されている菜種の94％が遺伝子組み換え」といわれていることだ。

また、ごまから油を抽出するときに、ヘキサンという溶剤を使う。これがガソリン成分で、皮膚や呼吸器、妊婦に悪影響を及ぼすという可能性もあるという。

さらに、ヘキサンはとても臭う。その臭気を消すために、高温で熱する必要があるのだが、そのときに「トランス脂肪酸」[※5]が生成される。これは、心臓病のリスクを高めるなどの弊害があり、世界中の多くの国で使用が禁止されている。だが、日本ではまだ規制も表示義務もない。ラベルを見てもわからないのだ。つまり、体によくないものが隠されているのである。

※5　トランス脂肪酸　取りすぎた場合、血液中の悪玉コレステロールが増えて、善玉コレステロールが減ることが報告されている。日常的にトランス脂肪酸を多く取りすぎている場合、狭心症や心筋梗塞などの冠動脈性心疾患のリスクを高めることが示唆されている。

人工甘味料では、報道でもアスパルテームがフォーカスされがちだ。しかし、農薬の研究中に偶然見つかった「スクラロース」という人工甘味料もかなり危ない。

その発見の由来はあくまで都市伝説だが、次のようなものだ。

1976年、イギリスのクイーン・エリザベス大学で、砂糖の化学実験が行われていた。このときは殺虫剤を開発するための実験を行っていたという。それは、毒性を持つ塩化スルフリルという物質に砂糖を加えて農薬を開発する実験だった。

大学の研究所で働いていた研究員が、実験に成功したことを教授に電話で報告した。教授は成功した農薬のサンプルをテストしておくという意味で、「テスト」と書くように伝えた。しかし、若手研究員は「テイスト」と聞き違え、農薬を舐めたのだ。それがすごく甘かった。こうしてスクラロースは、偶然見つかった。

これが、普通の砂糖とも似た自然な甘さが特徴で、しかも甘さは砂糖の600倍。もともと農薬なのだが、あまり人工甘味料感がない。内臓で吸収されずそのまま排出されるといわれているのでカロリーゼロ……ということで、かなり使われるようになったという。

しかし、本当に内臓で吸収されないかといえば、そんなことはないようだ。

実際1割から3割は消化器から吸収されている。排泄時の尿に10~30%は混ざっているからだ。つまり、1回は内臓を通っていることになる。常識的に考えて、内臓で吸収されているのではないか。肝臓や腎臓、ほかには脳からもスクラロースが検出されることがある。

健康への影響はすぐにはないものなのだが、一旦体に入ると、それが長い間残留するので、後々病気になったりホルモン系や免疫系のシステムに悪影響を及ぼしたりする可能性もある。しかし、プロテインやアイスクリーム、菓子パンなどによく入っているのでご存じかもしれないが、日本では使用が許可されているのだ。

▼規制の差には食料自給率も関係あり？

ここまで見てきたように、アメリカやヨーロッパなど先進国で規制されたり、規制はされていないが〝危険性がある〟と指摘されたりしている添加物が、日本では〝安全〟となっている例は多々ある。

このギャップは、いったいどこから生じているのか。なぜ、日本はひたすら「安全です」と言い続けているのか。

国内メディアが〝危険〟という情報を伏せていたとしても、海外からの情報も大量に入ってくる時代だ。自分で調べる意思さえあれば、知ることだってできる。

それなのに、なぜ〝安全〟としてしまうのか？　そんな疑問が、苛立ちとともによぎらないだろうか？

裏では、さまざまな事情が複雑にからみ合っていることは想像がつく。しかし、シンプルに読み解くこともできなくはない。

日本は輸入に頼っている国だ。農水省が公表した2023年度の自給率はカロリーベースで38%。日本は諸外国と比べて、食料に関しては立場が弱い。**〝危険〟とされるものを買わないと、ほかのものを売れない……そのようなことがあるかもしれない。**

海外では、年々健康志向が高まっている。モンサント社のラウンドアップでいえば、2018年にはアメリカで約320億円の賠償金が支払われる裁判事件が発生している。訴訟が起こるレベルで使用が反対されるのだ。

さらに、モンサント社は遺伝子組み換えとうもろこしの生産にも力を入れている。このとうもろこしは、収穫をより容易なものにするために枯葉剤に耐性を持ち、害虫が食べたら死ぬように設計されている。人の食用ではなく、アメリカ産の牛や豚、鶏、養殖魚などのエサとして使用されているのだ。

直接食べるわけではないからと安心することはできず、これらを介して人間の体内に吸収されてしまう可能性も懸念されている。

ウィキリークスによると、２００７年にフランス政府がモンサント社製の遺伝子組み換えとうもろこしの栽培を禁止したことで、ステイプルトン元駐仏大使は懲罰的な制裁を与えるよう米政府に要請していたことが明かされた。

このフランスの動きを見て、ほかのヨーロッパ諸国もモンサント社製とうもろこしの禁止措置を導入しようとすると、モンサント社は貿易制裁をちらつかせて圧力をかけていたこともリークされていた。

モンサント社はアメリカやその他のＥＵ諸国の政治家に対しても多額の資金を献

金しており、遺伝子組み換え作物の規制を緩和させたり、自社にとって有利になるような政策を導入させたりしていたのだ。

しかし、**メディアなどが統制されている日本だと、知らない人が多いので売りやすい**のである。

日本は経済的に長年停滞し続けている。とはいえ、経済的にはアジアの他の国やアフリカ諸国と比べればはるかに成長している。しかも、1億人のマーケットまである。**海外企業にとって、日本はブルーオーシャンそのものだ。規制が緩く、ものを売りやすい〝儲かる〟国ですらある。**

そこで、従順で見事なメディア統制がなされている日本を多国籍企業が〝最終処分場〟としている。

さて、日本で近年起きている法改正にも触れておこう。

代表的なものでは、種苗法改正や水道法改正がある。これらの法改正は国民の目に触れないようにひっそりと行われてきた。

例えば、2018年の水道法改正の発表は、オウム真理教の麻原死刑囚の死刑が執行されたタイミングで行われている。だからニュースはオウム事件のことばかりになり、目をそらさせられたのだ。

命を繋ぐ水に危機が迫る根本的な構造

▼流出してしまった〝永遠の化学物質〟

国土交通省「令和3年版 日本の水資源の現況」によると、水道水をそのまま飲める国は、たった12か国しかないという。アイスランド、アイルランド、オランダ、ノルウェー、スウェーデン、フィンランド、デンマーク、オーストリア、モンテネグロ、セルビア、ニュージーランド、そして日本だ。

日本の水道水の水質基準は厳しい。それゆえに、われわれは蛇口をひねるだけで安全な水を利用できているのだが……その水道水に禁忌が溶け込んでいるとしたらどうだろうか。

２０２４年、国は全国の水道事業者に水質検査の結果報告を求めた。「ＰＦＡＳ（ピーファス）」を警戒してのことだ。ＰＦＡＳは「有機フッ素化合物」の総称だ。水や油をよく弾く性質があり、かつては精密機器の製造や、撥水スプレーなどに広く使われていた。

また、自然界でのＰＦＡＳの分解には数千年かかるとされ、〝永遠の化学物質〟と呼ばれ、国際条約で製造・使用が禁止されているものでもある。

恐ろしいことに、ＰＦＡＳが日本の河川や地下水に流出しているというのだ。その汚染源は、アメリカ軍基地と見られている。

２０１６年、沖縄県は「県民45万人に供給されている水道水にＰＦＡＳが含まれていた」と発表した。だが、今日に至るまで、日米地位協定が壁となり基地内に立ち入り調査は実施されているものの、場所には制限がかけられている。

東京でも、アメリカ軍基地が近いところで、水道水などに含まれるPFASの値が高いことがわかり調査が行われ、汚染マップも作られている（しかし、ほとんどが汚染源不明として）。

さらに2023年1月、アメリカ軍横田基地で高濃度のPFASを含む汚染水の漏出事故が発生。その事実を「日米両政府が非公表の方針で合意していた」というスクープまであった。

問題はいろいろあるが、特に、人に対して発がん性があるともいわれる点だ。国際がん研究機関などで、そのように評価されている。そして、例によって〝海外に比べて、日本では水道水に含まれるPFASの許容量の基準が緩いのでは？〟と問題になっているのである。

前述のとおり、PFASとは「有機フッ素化合物」の総称だ。そもそもこの「フッ素」とは、いったい何なのか？　よく耳にするが、自ら説明できるほど知識を有している読者は多くはないのではないだろうか。

歯科医で歯に塗ってもらうもの、歯磨き粉に入っているもの、虫歯に予防効果があるもの、そんなイメージに集約されるだろうか。

こうした「虫歯予防に効果がある」というイメージは、どうやら企業のプロパガンダが基になっているようだ。それに便乗する形で、**虫歯予防のためにフッ素を水道水に添加しようという動きが、実は世界中で推進されている**のである。世界で約60か国、4億5000万人ほどの人間が、フッ素が添加された水道水を今も飲み続けている。

WHOの見解では、フッ素は虫歯予防に有効で、適量であれば人体への深刻な被害はないという強い立場をとっている。〝安全〟ということになっているのだ。

一方で、フッ素は人体に有害であって、水道水に添加することは〝危険〟であると判断する団体、もしくは歯科医師なども存在している。賛否が立場によっては分かれるものなのだ。

また、フッ素と呼ばれているものは、通常は単体では存在せず、いろいろな物質と結びついている。だから、「フッ素化合物」が正しい物質名となる。

自然界にもフッ素は存在していて、野菜や果物にも微量含まれている。日常生活で、自然と摂取してしまうものではあるのだ。

そのため、「過剰摂取については気をつけること」という見解については、フッ素反対派、肯定派ともに一致している。


では、実際フッ素の毒性についてはどうなのか?

19世紀初期のヨーロッパの代表的なフッ素研究者の多くが、その毒性の強さから研究中に死亡するなど、フッ素に毒性があることは明らかである。

となると、なぜ毒性があるものが「虫歯予防になる」とされたのかが気になる。

それは、1901年のアメリカからだ。

コロラド州にある小さな町の歯科医師が、その地区に住んでいる住民の歯に〝茶色の斑点〟が多く出ていることに気がついた。同時に、住民の歯には虫歯が少ないことがわかった。

原因を調べると、水道の水源に行き着いた。その地域の水源には、高濃度のフッ素が含まれていることが判明したのである。これを糸口に研究が進み、歯に茶色の斑点を発生させない程度に、低濃度のフッ素を使用すれば虫歯予防になるとされたのだ。

結果、歯科医療と水道事業が提携してフッ素を添加している、という流れができた。

▼フッ素の安全性を主張したマンハッタンプロジェクトの科学者

ここまで見てきて、フッ素を避けたくなる気持ちが湧いてきたかもしれない。ところが、われわれの日常にはフッ素が溢れかえっている。イメージしやすいように、身近にあるフッ素の含有量が特に高いものを列挙しよう。

まず、冒頭のように歯磨き粉と水道水。さらに乳幼児の食品、ジュースや炭酸飲料、お茶、ワイン、ビール、ファストフードのフライドチキン、缶詰の食品(特に魚)、魚介類やタバコ、農薬――果物に吸収されるなどの可能性もあるという。

チキンは、その飼料などから間接的に。魚介類は、海でそれを含んだプランクトンを魚が食べて、また、その魚を別の大きな魚が食べる。そうして濃縮が進み、最終的には人間が食べることになる。道具ならテフロン加工のフライパンの「テフロン」もフッ素だ。


これほど危険なフッ素が、なぜ安全とされているのか? 安全だと訴え続けた人物がいるのだ。それが、ハロルド・ホッジ博士である。

彼はフッ素支持派の筆頭で、広島・長崎に投下した原子爆弾を開発したマンハッタンプロジェクトの科学者でもある。

マンハッタンプロジェクトでは、核実験に対する反対運動や訴訟が予測されていた。そのため、あらかじめウランやプルトニウムを人体に注射し、その毒性を測る実験を指揮していた。それと同時に、核兵器の製造時に大量に使用して廃棄されるフッ素ガスの毒性を、一般大衆に察知されないように「安全だ」とアピールをしておく必要があったというわけだ。

つまり、**そもそもフッ素は、核兵器製造に必要なもの**でもある。そのため、一般大衆に安全なイメージを浸透させる必要があった。これは〝軍事〟なのだ。同時にWHOにおいて、「フッ素は安全である」という意見が医療と軍事産業で繋がった。安全というイメージだけが、世界に広がることになったのだろう。

フッ素を最初に水道水に導入したのは、ナチス・ドイツといわれる。

かつて、畜産においてフッ素を牛などの家畜に飲ませるとおとなしくなる効果を利用していた。そこで、ナチスはフッ素の毒性を利用したといわれている。水道水に流し込むことによって、人間の思考を鈍くさせて、為政者の都合のいいように飼いならすために使ったのだ。

ナチスは意図的に過剰摂取させていたのである。これは、ナチスやソ連の強制収容所でも同じように使われていた。

フッ素の有効利用の始まりは、アメリカのアルミニウム産業でもあるらしい。

産業廃棄物であるフッ素の処理に手を焼いていたアルコア社という会社があった。

アルコア社の主任フランシス・フレイリーという人物が、フッ素の歯に与える影響を研究し、有効に利用する方法をメロン産業研究所の研究員ジェラルド・コックスに提案した。そしてコックスは、1939年に虫歯予防のために、公用の水道水にフッ素を添加することを提案した。

このメロン産業研究所とは、アルコアの株主であるアンドリュー・メロンが設立したもの。その真の目的は、大企業が起こす大気汚染、土壌汚染などの公害に対して行われる訴訟から、産業を守るために有利なデータを作成することであったという。

その後、欧米において「広報の父」との異名を持つエドワード・バーネイズという人物がテレビ、ラジオ、ポスターなどを用いて、「虫歯予防にフッ素」というキャッチフレーズで、水道水へのフッ素添加キャンペーンを全米で大々的に展開した。ここからどんどん、フッ素の普及が進んでいったようだ。

また、フッ素安全論に対するアンチの研究者が現れると、その研究結果はすべて弾圧され、「変人」「インチキ科学者」といったレッテルを貼られて、科学業界での信用を失墜させられていった。

だから、フッ素の危険性は、一般の人々に認識されることはまったくなかったのである！

そして恐ろしいことに、フッ素を安全なものとして、一般の人々に広めているこのやり方は、いまだに変わっていない。フッ素を広めている者たちの都合であり、金を儲けるための思惑でしかない。そのフッ素を摂取する人間は、〝金づる〟でしかないのだ。

この仕組みはフッ素以外にも、例のワクチンや処理水放出など、賛否が分かれる話題に関しても同じ手法が取られている。添加物の話とも似た構図である。

当然、反対するデータもある。

だが、〝それを使い続けるためのデータをさらに集める〟。反対に対しての弾圧を行い、反対されるであろうことを先に潰す。先回りする宣伝手法が取られる。それが、この禁忌を生んでいる一番大きな原因であるのだ。

▼食を巡る「安全」「推奨」のキャンペーンに要注意

今後も同じような事例が出てくることは間違いないだろう。

だが、われわれは疑うことはできる。「安全です」「みなさん、どんどん摂取していきましょう」といったキャンペーンが急速に出てきたら、まずは疑ってみたほう

がいいだろう。

例えば、カロリーゼロや糖類ゼロ、減塩などを謳った商品は、大体この仕組みに当てはまるのではないか？

話をもう一度フッ素に戻そう。

生きるために必要な水に含まれていては、いくら疑いの目を向けても摂取は避けようがない。

しかも、世界60か国の水道水に添加されているうえ、日本はその規制が年々緩くなっている。

なぜ緩くなるのか……いや、緩くさせられているのか。水道は民営化の方向に動いている。民営化の先を想像してみよう。外資の巨大資本に乗っ取られたとしたら……。

ことフッ素に関して、せめてわれわれにできることといえば、テフロン加工のフライパンやフッ素入りの歯磨き粉など、意図的にフッ素が使われているものの使用機会を減らすことだ。

また、2023年、食品添加物や食品の汚染物質などについての論文を掲載している学術誌『フード・アディティブズ・アンド・コンタミナンツ』に掲載された論文によると、市場に出回っている多くの紙製ストローにPFASが含有されていることが示唆された。PFASには撥水効果があるため、紙製ストローに使われているそうだ。

紙製ストローに含まれるPFASは微量で、直接食べるわけではないので安全とはされているが、PFASは〝永遠の化学物質〟ともいわれているため、分解されずに体内に残留するのではないかという懸念があるのだ。

ここまでフッ素が侵食していては、すべてをカットする生活など、絶対無理なこと。これは、詰んだ状況でもある。ささやかながらも、なるべく減らすぐらいしか手段はないのかもしれない。

第4章

インターネット・AI

世界中に
張り巡らされている
身近すぎる闇

ダークウェブと仕掛けられたバックドア

▼拳銃、臓器、人身売買……実在する闇のネット「ダークウェブ」体験記

86・2％。

この数字は、総務省「通信利用動向調査」による2023年8月末時点のインターネットの利用率だ。ほとんどの日本人にとって、インターネットは生活に欠かせないツールになっている。迷惑メールやフィッシングサイトをはじめとした、インターネットに潜む危険も広く周知されているため、食品添加物と違い、意図的に危険を回避できると思っている読者も少なくないだろう。

だが、これからはそうも言っていられなくなる。だからこそ、そこに潜む禁忌を

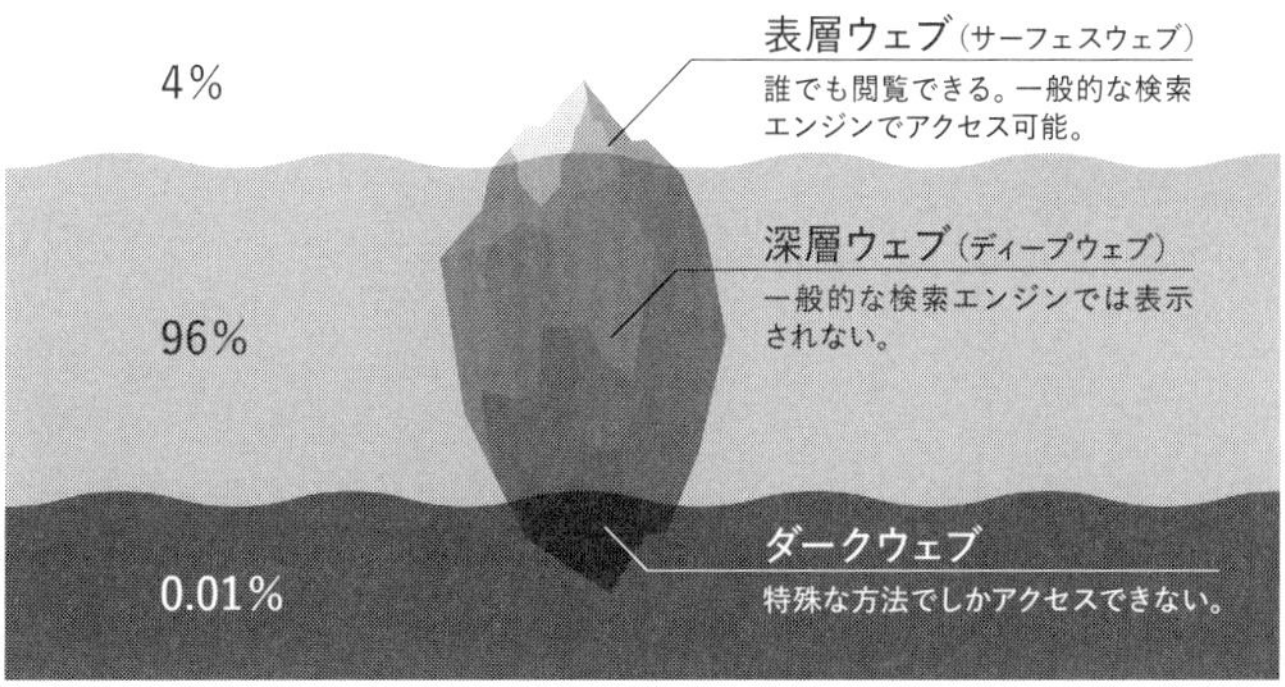

少しでも知っておいたほうがいい。

インターネット上には、World Wide Web（ワールドワイドウェブ）というシステムがある。情報やウェブページ、データを結びつけ、利用者同士が相互に見るための仕組みだ。このWorld Wide Webは大きく二つに分けられることをご存じだろうか？

われわれが利用している表層ウェブ（サーフェスウェブ）と、Googleなどの一般的な検索エンジンではアクセスできない、特殊な許可が必要となる深層ウェブ（ディープウェブ）だ。表層ウェブしか知らない人が多いこともあり、World Wide Webのほとんどが表層ウェブだと思われるがちだが、実はまったく逆だ。

World Wide Webは海に浮かぶ氷山にたとえられる。表層ウェブは海から顔を出す、全体のほんの4％ほど。そう、われわれが日常的にアクセスしているのはたった4％の部分にすぎないのだ。

海面下の氷山、じつに96％が深層ウェブなのである。さらに、その深層ウェブの中で、最も深い場所に位置し、わずか0・01％の割合を占める層がある。

それが、ダークウェブだ。


深層ウェブの世界には、例えばCIAやFBIの公式サイトの深層ウェブ版というものがある。ロシアや中国など、CIAのサイトそのものに現地からアクセスすることを制限されている人たちが、CIAの採用募集に応募する場合などに、深層ウェブのサイトを通じて連絡するようなのだ。つまり、アメリカのスパイ募集にエントリーするためだ。

また、政府の公式資料や議事録なども含まれている。これらの事例を知ると、一般人にはアクセスできない深層ウェブが存在する理由にも納得できるだろう。

深層ウェブには、こうした政府や公的機関の情報だけがあるわけではない。深く潜っていくと、完全に犯罪に利用されていることがわかる。

われわれウマヅラビデオは、ダークウェブに詳しいYouTuber都市ボーイズの岸本誠氏の協力のもと、このダークウェブ内への侵入を試みたことがある。

そこで何が売買されているのか、確認できた限りを記していこう。

まず拳銃やその他の武器、違法ドラッグ、違法ポルノなど。このあたりは想像がつくだろう。それだけではなく、偽札や偽造パスポート、盗まれたクレジットカード、偽装した死亡診断書、さらに、個人情報やスパイウェア、コンピュータ・ウイルスまでもが売買されていたのだ。

そして、ダークウェブ上の掲示板ではドラッグの使用方法や銃器の取り扱い方、インターネット詐欺などの手法が共有されている。

ただし、それらを販売しているサイトが、本物であるかまでは確認できていない。なぜなら、本物なのかどうかを確かめるには〝購入の必要〟があるわけだが、違法なものを購入するわけにはいかないからだ（閲覧自体は違法ではない）。

もう一つ、確認しきれなかった理由がある。それはコンピュータ・ウイルスだ。**ちょっとしたきっかけで、一瞬にして無数のウイルスに感染する可能性がある。**感染すれば、個人情報をはじめとしたすべてのデータを抜き出されてしまう。また、ハッキングの対象となる可能性も格段に上がる。ダークウェブを覗き見るだけでも、かなりぎりぎりの危険な駆け引きをすることになるのだ。

また、ダークウェブ上の取引は、匿名性を保つために、暗号化される設計になっている。したがって、基本的にはビットコインのような暗号通貨などで行われる。「クレジットカードの情報を入力してください」となったら、これはもうほぼ確実に詐欺とみていいだろう。少しも油断はできない。

ダークウェブの深層を巡ったとき、岸本氏が以前たどり着いたという驚愕の画像を見せてもらった。そこには、人身売買サイト、臓器売買サイトまであった。

岸本氏いわく、人身売買サイトでは売られている女性の名前、年齢、国籍、拉致された場所、性病の有無なども書かれているらしい。さらに、監禁している場所、監禁して何日経っているかといった情報が記載されている。恐ろしいのはこれだけではない。**〝拉致した場所〟が空欄になっている女性がいるのだ。それについて調べてみると、〝これから拉致する予定〟と書かれていたというのだ。**

つまり、場所が入っていれば拉致済みであり、監禁中。なければ、これから……ということなのだ。興味本位で、見てはいけない世界。まさにタブーである。

▼ごく身近に潜む誘拐の手法

ダークウェブでよく知られているのがRed Roomである。会員制ライブ配信サイトなのだが、そこで配信される映像というのが、個室に閉じ込められた犠牲者に残虐な行為を行うものだ。これがリアルタイム配信されている。

Red Room の視聴者は YouTube でいうところのスーパーチャットのような投げ銭システムで犠牲者への残虐行為をリクエストできる。

投げ銭は一番安いものだと数ドルで、拘束やむち打ちなどだが、金額が上がると、レイプや毒物の投与などの拷問もあり、切断、銃乱射、火あぶり……そして殺害まで金額次第ではリクエストできるのである。

では、その犠牲者となるターゲットは、どのように選ばれているのか？

その方法は主に四つ存在するという。

まずは、管理人がダークウェブ上の情報にアクセスできる人物の中から選び出す方法だ。個人情報などを拾い、「今、池袋にいるのか。じゃあ捕まえてこい」と手下などを使い、誘拐する手法が取られる。

二つ目は、管理人の家族や友人などを使う方法。身内をターゲットにして、拷問する人もいるようだ。

三つ目がＳＮＳなどで嘘の依頼を送り、報酬を提示して釣るという方法。「簡単に稼げる仕事ありますよ」などと仕掛け、それに釣られた人たちを使う。「×月×日に◯◯に来てください」と、ライブ配信の会場に誘い出すとか。

そして**四つ目が、「人身売買サイト」で購入するという方法だ。**

にわかに信じがたいだろう。本当かどうかわからないことだが、警察もこのように配信された動画を証拠として持っているという噂もある。

さらに、われわれウマヅラビデオは、実はRed Roomに潜ることができている。そこに至るには、いくつもダミーのようなものがあった。Red Roomを自称しているだけで、実際のRed Roomではないものも存在するのだ。

この理由は想像がしやすい。名前をつけてしまうと、すぐにＦＢＩのような捜査機関に差し押さえられ、捕まってしまうからだ。だから名前がない。ダークウェブのサイトは、普通に単語で検索しても出てこないのだ。

それなら、どのようにしてサイトにたどり着くのかというと、URLを直接打たないといけない。URLを知らないとアクセスできないのだ。違法取引をしている人の間でやり取りをするので、そうやすやすと潜入することはできないわけだ。

しかし、これだけだとまるで会員制の一見さんお断りの店のようだ。たとえネットに慣れている人でも、情報がなければどうにもならないだろう。

そこで「あるサイト」が利用されている。

これは、表層ウェブでいうところの「Wikipedia」のようなサイトで、ダークウェブにアクセスできるURLの〝まとめサイト〟のようなもの。このサイトへのアクセスはGoogleでいけるはずがないのはおわかりだろう。当然ブロックされている。ここに必要なのは特殊な検索エンジンであり、そこへ進めさえすれば、ダークウェブに潜り込める。

もちろん、本書でその名を明かすことはできない。

だが、もしもダークウェブへのアクセスが可能な状態にまでもっていけたならば、使い捨て用のパソコンを用意するべきだ。われわれも岸本氏に見ていただきながら、そのようにした。超優秀なハッカーが大量に蠢《うごめ》く世界に飛び込むのだから、個人で使用しているパソコンでアクセスなどするべきではない。

ダークウェブ閲覧中は、IPアドレスで自分の居場所を特定してくる者もいる。そのため、そもそもアクセス自体、絶対お勧めはしない。「行う場合は自己責任で」としか言えないのだ。

そしてまた、この世界に潜るには、相応の知識がないとなかなか難しい。やはりハッカーのような、ウイルス対策ソフトのプログラミングなどに精通したプロが一緒ではないと、潜れない。実際、岸本氏も潜れたのは優秀なハッカーの協力があってこそだった。そこまでしても、潜ったあとはハッカーから「ウイルスに感染しまくっている」との指摘も受けたという。それほど、一瞬たりとも気を抜けない〝戦場〟なのである。

▼全世界を監視するバックドア

インターネットに潜む禁忌は、ダークウェブのように犯罪に利用されるようなものだけではない。**アメリカの諜報機関であるNSA（アメリカ国家安全保障局）が開発にからんでいるものに、「バックドア」がある。**バックドアとは、IDやパスワードを使って、コンピュータを無許可で利用するために密かに設けられている通信接続の機能である。

特定のIDやパスワードを利用すれば、誰のパソコンにも入り込める。OSに備わっている、いわゆる諜報機能だ。

プライバシーが侵されてしまう恐れがあるため、すべてのユーザーにとってデメリットでしかない。だが、諜報機関側にはメリットである。あらかじめ備えてある機能で情報を取り放題なのだから。

このバックドアの情報は、元NSA職員であるエドワード・スノーデン[※1]が告発したことで知られるようになった。

彼は、NSAが昔から透視プログラム「PRISM」を使用して、全人類の個人情報を収集していたことを暴露した。それによって、これまで都市伝説の中の話でしかなかった、透視システムの実在が判明した。

今、NSAの盗聴ターゲットには、日本も含まれている。よくいわれているのが、青森県・三沢基地のエシュロンのパラボラアンテナだ。巨大なボール状でアンテナが覆われており、それはアンテナの向きを隠すためだともいう。

そのエシュロンを通して、インターネットをはじめとする世界中の通信を24時間監視できる。それを可能にしているのが、OSに仕組まれているバックドアだ。特にWindowsには、ほぼ間違いなくバックドアがついているといわれている。

バックドアが、OSやソフト内に仕掛けられていると、第三者に不正にパソコン内に侵入されてしまう。過去にオーストリアの内務省高官が、Skypeにバックドア

※1　エドワード・スノーデン

元NSA（アメリカ国家安全保障局）職員。CIAの技術者を経て、NSAでシステム管理者として従事。2013年にNSAが運営する極秘の通信プログラム「PRISM」によって、全世界の個人情報を収集していることを告発した。告発内容の中には、ユーザーの電子メール、チャット履歴、ウェブサービスの利用履歴、写真、通話内容などが含まれていた。さらに日本、ブラジル、フランス、ドイツなどの首脳35人が電話盗聴の対象になっていたことまで明かされたのである。

がついていることをほのめかす発言をしたことがある。このとき、Skype側に確認すると返答を拒否――〝否定されなかった〟ことで騒ぎになったこともある。

バックドアには、監視する基準がある。それは、国防総省ペンタゴンがあらかじめ設定したキーワードに対し、特定の個人や団体が触れた場合である。

事前に仕掛けられているバックドアを通じて、エシュロンを経由し、ペンタゴンに情報が送られるという。つまり、〝**検索してはいけない言葉**〟**がある**ということだ。

それは何か？　おそらくだが、いわゆる、政府の機密情報を調べるためのキーワード、そして――「イルミナティ」「フリーメイソン」など、オカルトめいた言葉ではないだろうか。これらを検索した者が監視対象になるといわれているのだ。

▼マイクロソフトの隠しオフィスが噂される超重要な場所

これもまた都市伝説だが、そのバックドアにより探知された人——監視対象者の個人データは、Windows のＯＳであれば、〝ペンタゴン内にあるとされるマイクロソフト社〟に届くのだとか。ということは、**実はペンタゴン内には、マイクロソフトの〝隠しオフィス〟が存在するのではないか。**都市伝説界隈では、そう噂されている。

そもそもインターネットは軍事目的から開発された技術という背景を考えれば、通信傍受をされているということにもうなずける。こうしてあなたがこの本を読んでいる今も、国防総省のような諜報組織はＳＮＳでのやり取り、閲覧履歴、ＩＰアドレス、趣味嗜好、会話内容など、すべてを管理している。

インターネット上では、さまざまな便利なツールやアプリが無料で提供されている。無料で使えるのは、広告費や一部の有料会員からの収益のため、ともいわれるが、果たしてすべてがそうなのだろうか。知らず知らずのうちに〝情報〟という価値の高いものをユーザーは提供してしまっているのではないだろうか。

ではいったい、そういう計画は誰が仕掛けているのか？

そのヒントになるのが、次の「隠しURL」の都市伝説だ。

インターネットブラウザで、イルミナティのスペル（illuminati）を逆から打ち（itanimulli）、ドットコム（.com）を入力して検索する。すると、NSAのホームページに通じるのである。.comではなくても、ドットネット（.net）とか、ドットオーガニゼーション（.org）でも、NSAのホームページがヒットする。

秘密結社であるイルミナティは、1785年には消滅していることになっている。にもかかわらず、なぜNSAの隠しURLがイルミナティに通じるのか？　いろいろ察することができるのではないだろうか？

ちなみに、同じようにイルミナティの逆からのスペルと、ドットUS（.us）――アメリカのドメインで打つと、ホワイトハウスに繋がるかもしれないという都市伝説もある。繋がる人と繋がらない人がいて、そこの違いは監視されているかどうか、だとか……。

▼10億人がスパイに？　中国の国家情報法

コロナ禍以降、オンライン会議の機会も増えているだろう。これも注意が必要だ。そこで使用するアプリケーションの中には、盗聴されていたり、勝手に情報を取られていたりするものが存在する。

例えば、Zoomを利用したことのある人も多いだろう。2020年4月にカナダのトロント大学グローバルセキュリティー研究所が、Zoomのセキュリティーをチェックした。すると、ツールの暗号鍵が中国の北京にあるサーバーを経由していたことがわかった。同研究所はスパイ活動を懸念する政府関係者、サイバー犯罪や産業スパイを懸念する企業、機密性の高い情報を扱う機関や政治家に、「Zoomの使用をやめたほうがいい」と警鐘を鳴らしている。

こうした経緯から、アメリカ政府、台湾政府、NASA（アメリカ航空宇宙局）は、Zoomが流行しだしたころ、利用を禁止したという話もある。

ところが、日本はサイバーセキュリティーの意識があまりにも低い。どう注意したらいいのかわからないため、内閣府などに「第三者に盗聴される可能性があるので、注意してください」という通達があっただけだそうだ。

そう、中国は情報収集に、あの手この手を使っている。

中国には「国家情報法」という法律がある。国家情報法第七条には、定住者でも国外への旅行者でも、中国人である限り、中国当局に求められるときには、いかなる情報も、すべて提出することが義務づけられていると明記されていて、**中国共産党や当局から命令があった場合、中国人全員がスパイ活動をしなければいけないそうだ。**

ところが、国家情報法を理由に中国人の入国や就労を拒絶することは、当然差別になってしまう。日本に限らず、ほかの国でもできないのではないだろうか。

さらに、日本人には優秀なＩＴエンジニアが少ないという問題もある。中国人はその点で優秀な人材がおり、頼らざるを得ない面もある。しかも、日本にはスパイ防止法がないということも、この問題の闇深さを物語っているのだ。

▼カタールワールドカップで実装済み！　驚異の監視テクノロジー

監視技術で注目の話題は、カタールにもある。2022年のFIFAワールドカップで監視テクノロジーが使われていた。

この大会の際、観客に配布された「Hayya」というアプリがある。観客は、現地でのインストールが必須だったそうだ。

Hayyaは試合のチケットやホテルの予約、カタールへの渡航許可証取得などを一括管理できるアプリだった。ワールドカップ開催中に限り、地下鉄などの交通機関の利用がすべて無料にもなった。表向きは大変便利なアプリであることがわかるだろう。

だが、2022年10月から、ある疑惑が囁かれだした。

ノルウェー放送協会のセキュリティーの専門家が、Hayyaやカタールでもう一つ提供されている新型疫病対策アプリ「EHTERAZ」には、セキュリティーとプライバシー面で大きな懸念があると指摘した。「これらのアプリをスマートフォンにインストールすることは、家の鍵をカタール政府に渡すようなものだ」と……。

さらに、ドイツ、フランスなどのデータ保護に関わる政府組織も、これらの二つのアプリに関して、警告を発表している。HayyaとEHTERAZは、ユーザーに要求する権限が明らかに過剰だったのだ。正確な位置情報、インターネットからのデータ受信、実行中のアプリ順序変更、デバイスのスリープ状態への移行防止などだ。

つまり、**Hayyaをインストールすると、端末との同期が自動で実行され、GPSやその他センサーを利用して、常時高頻度で端末の位置情報が収集されるのだ。**

さらに、アプリの強制終了ができず、端末のスリープ状態を無視してインターネットに常に接続され、外部サーバーとの間でデータの送受信が行われる仕組みになっていた。悪用されれば、端末内のすべての情報が盗み出される可能性があるほどだ。

だから、セキュリティーの専門家は、インストールが必要な場合は、使い捨て端末の利用を推奨するほどだった。こうした経緯から、これらのアプリは〝スパイツール〟との疑いがかけられている。

ところが、これらのアプリはカタール、ドーハの政府公認組織が管理しているので、アプリ自体は違法なものではない。つまり、政府公認でスパイツールのような機能を持ったアプリを配布していたことになるのである。これらのアプリで、かなり多くのデータを合法的に集めたのではないかといわれている。

似たような情報収集アプリは、日本国内でも出回っている。

近年、中国系のアプリやサイトが流行っている。例えばフリマアプリや格安で生活用品が買えるサイトだ。大手も参入しているようだが、大手だからといって安全というわけではない。

一度、利用規約をしっかりと読み込んでみてほしい。「あなたの位置情報や資産情報などのデータを取得することがあります」と書かれていることも珍しくないのだ。知らず知らずのうちに、同意してしまっていることが多いのだ。当然、さまざまな情報が取られてしまう。

吸い上げられたデータは、どうなるのだろうか？

そのデータには、さまざまな利用価値がある。例えば、マイナンバーカードとアプリのデータが紐づけられ、信用スコア[※2]として利用されることもあるだろう。パズルゲームや学習アプリからは、密かにＩＱ（知能指数）のデータを取られている可能性もゼロではない。日本に有事が起こるともなれば、徴兵時のデータとして活用される可能性もある。

実際、ロシアやウクライナにおける戦争での徴兵は、それらの個人管理のデータベースから、徴兵する人間が選抜されていたこともある。日本もその形になる可能性は十分ありうるのだ。

※2　信用スコア
個人のデータを収集し、信用度を数値化したもの。アメリカや中国で普及している。アメリカではクレジットスコアとも呼ばれ、個人の信用力を３００点から８５０点の間で評価するFICOスコアという指標が、融資や住宅ローンなどの幅広い信用調査で活用されている。中国は芝麻信用が普及しており、決済サービスAlipayなどで利用されている。

日本のＡＩ侵攻は地方から始まっている

▼高齢者の見守り用ツールとして導入が進むスマートスピーカー

２０２３年夏、ウマヅラのＸ（旧 Twitter）のＤＭに視聴者の方から興味深い情報が寄せられた。「岐阜県の電波も安定しないようなとある田舎の集落で、２０２４年３月までに全世帯を対象にスマートスピーカーの導入が決定した」というのだ。

その正体は、岐阜県の市と日本郵便が提携して行うスマートスピーカー実証実験事業だ。目的は、増え続ける一人暮らしの高齢者の生活支援だという。

スマートスピーカーといっても、モニター画面も付いていて、声による操作もできる。機能としては、毎日の服薬や体調の確認、市役所での行政手続き、自治体からの災害情報の受信などが行える。

また、利用者が希望すれば、その家で丸1日何のアクションもなければ、別居している家族にそれを知らせるという設定もできる。

一人暮らしの高齢の親を見守る、いい取り組みに思えるだろう。だが、DMを送ってくれた視聴者によると、この集落は高齢の方もみんな昔ながらの生活を営んでいるため、とても元気で、隣近所で日々コミュニケーションを取り合っている街なのだという。活発なコミュニケーションによる相互の見守りが根付いている集落において、「高齢者の安全のため」という目的は理解に苦しんだそうだ。

この実証実験が行われた集落が、たまたまそういうサポートを必要としない地域だったと捉えることもできるだろう。

実際、岐阜県のこの集落以外にも、同様の実証実験は、東京都三鷹市や千葉県勝浦市、大阪府河内長野市など日本各地で行われている。

ということは、注目すべきポイントは「高齢者の家に設置された」ことではないだろう。

懸念しなければならない問題は、プライバシーがどこまで侵害されるかだ。近年、都会の監視社会から田舎に逃げようとしている人も増えている。都会から逃げて、新たに村（コミュニティー）を作ろうという動きすらある。

しかし、この実証実験を考慮すると、監視社会の基盤は田舎から狙われているのかもしれない。先回りされて手を打たれているのである。

▼スマートスピーカーは技術上ほぼ確実に乗っ取ることができる

スマートスピーカーは、ここ数年で世界的に急激に普及した。普及につれて、「スマートスピーカーが暴走した」という噂を聞いたことはないだろうか？

この説の多くは、海外から出ている。しかも、報告されている機種は「Amazon Alexa」が多い。偶然か必然か、前述の実証実験で導入されているのもAlexaである……。

〝暴走〟の例としては、前触れもなく奇妙な笑い声をあげたり、「今すぐ心臓に刃物を刺して死んでください」と不気味なことを言ったりする例が知られている。

先の実証実験の例で考えてみよう。高齢者はデジタル技術に疎い場合が多い。もしも、Alexaが日本でも暴走を始めたら、高齢者にどのような悪影響を及ぼしてしまうのだろうか。「刃物を刺して死んでください」のようなあからさまな命令に従ってしまうとは考えづらいが、強いストレスがかかることは想像に難くないだろう。

本当に恐ろしい危機は、ほかにも考えられる。スマートスピーカーが導入され、正規の使用法として「服薬の確認」が想定されている。もしも、医師から指示を受けている薬の服用量と違う指示を出してきたら、どうだろうか。薬を服用できなかったり、過度に服用（オーバードーズ）して中毒症状などを引き起こしたりしかねないだろう。

ここまでは、スマートスピーカーの暴走という異変が起きなければ問題がない。しかし、**〝暴走〟は意図的に作り出せる。**

インターネット上には、SiriとAlexaを会話させる動画が存在している。「人とＡＩだけでなく、ＡＩ同士でも会話できるのか！」と感心させられるが、この動画には仕掛けがある。その仕掛けとは、ＡＩ同士が会話しているわけではなく、SiriやAlexaにプログラミングを施し、会話をしているように見せかけているのだ。ということは、そうした技術を悪用すれば、あたかもスマートスピーカーの暴走を装って、人を陥れる指示を出すことは理論上可能なのである。

さらに、盗聴や盗撮の可能性も疑われる。

Alexaの使用を巡っては、アメリカで43億円の罰金がAmazonに命じられる音声の不正保存問題が起こった。2017年には、女性の家の音声や映像の不正感知の問題が起きている。また、「標準設定のままだとセキュリティーが甘い」という指摘もあり、ハッキングされる可能性があるのだそうだ。

悪意を持った第三者にスパイ目的で悪用されることを防ぐためにも、認証アプリを用いた二段階認証を有効にするなど、できる対策から実行していくべきだろう。

ちなみに余談だが、スマートスピーカーを乗っ取る手法に、音声を「パラメトリックサウンド」という超音波に変換するものがある。使用者には聞こえない音によって、第三者に気づかれることなくスマートスピーカーを操作することができるそうだ。

これは中国の企業や日本の大学が実験で成功しているという。3・5m以内にあるスマートスピーカーであれば、100%操作でき、最大10m離れていても操作が可能だというのだ。

スマートスピーカーの多くは、いわゆる高級品ではない。一般家庭でも容易に手に入る。しかも、別の家電を購入した際の特典として無料でもらえることも多く、ありとあらゆる地域の多様な世帯に行き渡らせることも難しい話ではないのだ。

▼山火事、15分都市構想、スマートシティ……進む支配への布石

われわれの暮らしとデジタル技術は切っても切り離せないようになっている。それは、国が進めているさまざまな計画からも窺い知れる。

「スマートシティ」という言葉を報道などで聞いたことがあるだろうか。さまざまな定義があるようだが、簡単に説明すると、「人の流れや消費動向、土地の利用状況などのビッグデータやAIをはじめとした最新技術を活用して、インフラや行政サービスを効率的に運用する都市」となるだろうか。

国土交通省のサイトを見ると、この計画が日本各地で進んでいることがわかる。

ここから禁忌に踏み込む――**このスマートシティや近しい概念のスーパーシティ構想がある地域では、よく火事が起きることをご存じだろうか。**

例えば、2023年8月にハワイ・マウイ島の大規模な山火事※3が起きたことは記憶に新しい。ちょうどその時期、火事があった辺りの地域では、スマートシティ計画があったのである。

いわゆる先住民が住んでいるところは、長年の住民たちの知恵と経験が重なっている〝一等地〟。スマートシティの建設構想が立ち上げられており、立ち退きが難航していたタイミングで、あの火事が起きた……。先住民としては立ち退きたくない。でも、計画を遂行させたい側としては、当然立ち退いてほしい……。

しかも、火災が起きた翌日には、保険会社が〝火災は保険の対象外〟と宣言している。その直後、被災者の原住民に不動産会社から土地の買い取りオファーが殺到したという……。

ここまでの動きがあったとなれば、山火事も保険会社の動きも、先住民から土地を買い占めることありきで進んでいた計画だったのだと思わざるを得ない。

※3
2200以上の建物が損壊し、102人が犠牲になった。アメリカの山火事の犠牲者数では1918年以降で最多。

スマートシティ建設には、時間とコストがかなりかかるもの。その土地に先住民の歴史的価値のある伝統的家屋や建築物があると、建物の移築や土地の立ち退きなど、さまざまな労力・コストがかかってしまう。

だが、一度町が壊れてしまえば、更地にして新たに建てるだけで済む。火事でゼロに戻してしまうというのは、大変都合がよいのだ。

都市の利便性を突き詰める計画は、世界規模で進んでいる。ダボス会議[※4]では、「15分都市構想」を掲げている。徒歩・自転車・公共交通機関15分圏内で、すべてが完結できる環境を作りだすというものだ。

フランスでも、同様の構想があるらしい。表向きにはフランスは車社会であり、温室効果ガスであるCO2の排出量が多い。環境への負荷を軽減するため、徒歩や自転車で移動のすべてが済み、生活の完結を目指す計画だ。

便利な社会が実現するように思えるだろうか。ここにも、裏に隠された意図を読み取ることができる。デジタルで住民データを一元管理、行動を監視し、住民の行

※4　ダボス会議
スイス・ダボスで毎年1月に開かれる国際シンポジウム。正式名称は世界経済フォーラム年次総会。スイスの経済学者・大学教授クラウス・シュワブの提唱で1971年に発足。

動に応じて点数を付け、違反行動があれば罰則、もしくは資産凍結などの厳しいペナルティが科される。15分都市構想は、中国が手本になっているともいう。そう、中国が厳しく社会を統治している共産主義に向かって、世界は密かに進んでいるのだ。

そう考えれば、近年の日本で起きている議論や計画にも納得がいくだろう。マイナンバーカード、ワクチンパスポートなどがわかりやすい例だ。

近年議論されているWHOのパンデミック条約[※5]や日本国憲法改正、緊急事態条項の成立[※6]……これらの流れにも共通する意思を感じるだろう。

▼山にソーラーパネル、神社に電波塔　テクノロジーで壊される信仰の地

これらの計画は、あなたの目の届かないところで進んでいると思うだろうか？

※5　WHOのパンデミック条約
先進国と途上国で新型コロナウイルスの感染状況に差が生じたことから、途上国への支援策などを盛り込んだ国際条約。各国の意見に隔たりがあり、交渉期間が延長している。

※6　緊急事態条項の成立
戦争やテロ、大規模災害などに対処するため、政府の権限を一時的に強化する規定。現在の日本国憲法では規定されていない。自民党の憲法改正草案に盛り込まれており、草案では総理大臣が「緊急事態」を宣言すれば内閣が法

後ろに電波塔がある彌彦神社の御神廟

実は、無関心でいても無関係でいることができないのが、これらの計画の怖いところだ。

日本は、国土の約73%が山の山岳大国である。この山が、破壊されている。メガソーラー建設のために、自然破壊・環境破壊がどんどん進んでいるのだ。

日本では古来の土地に住む人たちが、山を信仰の地とし、神社や寺を建てて代々大事にしてきた。全国に神社は約8万社あり、その多くが山に存在している。一度意識して山に行ってほしい。大きな神社から、今は朽ちてしまった小さな祠《ほこら》のようなものまで、たくさんの信仰の軌跡が見つかるはずだ。

律と同じ効力を持つ政令を定め、国会の承認は事後的に得るとしている。

そのような信仰の対象になっている山が、どんどん削られて、一面にソーラーパネルが敷き詰められたり、神社の境内、社殿の奥などに5Gの電波塔が建てられたりと、破壊されているのだ。特に、彌彦神社などその地域の一宮とされるような格式の高い神社に限って電波塔が設置されている。日月神示で有名になった麻賀多神社の付近にも、大きな電波塔がそびえ立っている。

これは極論的にいえば、バチカン市国を壊してソーラーパネルの街にするとか、そのような感覚と同じレベルではないか。十字架のキリスト像の側に変なものが次々に設置されていくのと同じだ。これは……嫌だろう。

言ってみれば、わざわざ作る必要のない場所に、あえて作っている。

そして現在、ざっくりいえば各都道府県に約1か所ずつ作られているスマートシティ。都市部だけでなく、田舎にもある。まさに現状は、日本がどんどん電波的にも歪められているようなものだ。

さて、この信仰を歪める建設については、次章まで頭の片隅に置いておいてほしい。そもそも日本、そして首都・東京もそのような〝計画〟のもとに作られた都市だからだ——。

ついに判明Qアノンの黒幕

▼アノニマスが暴露したQアノンとAIの関係

話を再び世界へと戻そう。

アメリカでは現在、オンラインを中心に「Qアノン」と呼ばれる勢力が増え、政治や社会に影響を与えている。

そもそもこのQアノンとは何なのか？　振り返ってみよう。

2017年10月、4chanという海外の匿名掲示板に「Q」を名乗る人物が書き込みを開始した。「この世界は、小児性愛者で児童虐待に加担する政治家やセレブリティが所属する秘密結社が支配している」とQは主張し、さらにその秘密結社が

「ディープステート（影の政府）と呼ばれている」と書き込んだ。

そうした主張の中に、トランプ支持の言葉やスローガンが織り交ぜられていた。このことから、「悪のディープステートを敵とし、密かに戦い人々を救おうとしているのがドナルド・トランプだ」という説が流布された。トランプはある意味、神に遣わされた救世主で奇跡のヒーローであり、Q支持者は要するに、トランプ個人の支持者でもある。

それにしても、最初にQを名乗った人物は、いったい何者なのだろうか？　その正体については、よくニュースなどで取り上げられていて、「2人まで絞れた」という話はある。しかし、その2人がどんな人物なのかは定かになっていないし、実際、その疑われた人物は、2人ともQであることを否定している。

ただ、Qアノンと敵対し、さまざまな闇を暴いている国際ハッカー集団「アノニマス」[※7]が、Qについて次のようなことを発信している——「Qアノンキャンペーン

※7　**アノニマス**
匿名の国際的ハッカー集団。国家や大企業に対する抗議活動としてDDoS攻撃（Distributed Denial of Service attack＝分散型サービス拒否攻撃）などを仕掛けたことで知られる。

は、精神障害者、認知障害者、薬物中毒者、情緒障害者、元虐待被害者など、弱者をターゲットとしたものに焦点を当てている。一連の〝ボットネット〟を通じて、被害者を強引に誘導し、Qアノンキャンペーンに参加するよう仕向けている」と。

つまり……**もともと4chanに、「私はQだ」と名乗り、「世界の闇の陰謀を知っている」「トランプはそれと戦っている」と投稿した者の正体は、〝AI〟なのである。**

アメリカで大きなうねりを起こし、暴走しているあの運動を立ち上げたのは、人間ではなく、AIの投稿がきっかけだったということなのだ。

さらに、世界最大級のIT企業であるIBMには、「Qシステム」というものがある。2017年5月に公開された、最先端の量子コンピュータ・システムだ。名前に「Q」があるのも偶然ではないだろう。推測だが、このQシステムがボットを作り出して、世界規模の実験を仕掛けた可能性もあるだろう。

事実、Qアノン運動は世界レベルで発展している。日本にも「Q army Japan」などがあり、陰謀論者による反ワクチン団体の「神真都Q」などもQアノン系の団体だ。

このように思想運動が世界中に広がっているが、その根源がAIだと考えたら、これは異様な恐ろしさを感じないだろうか。

▼世界の分断を生み出したAIによる壮大な〝実験〟

Qアノンの支持者、信奉者の人数は、数十万から数百万人という報道や、米公共宗教研究所のニューヨーク・タイムズ紙での発表によれば「アメリカ国民の14％（3000万人超）」という数値もあるほどだ。

これはつまり、それほど多くの人々がAIに惑わされたという意味でもある。惑わされ、世界で分断が生まれ、思想によって争いが起きている。

また、こうした動きが起きた結果、Qアノンが現れたことによって、いわゆる陰謀論とされるもの（それが真実でもあった陰謀も含めて）の信憑性が下がるということが起きている。

そう考えると、今の世界情勢や人々の行動をある意味で動かしているのは、量子コンピュータなのかもしれない。

大量のビッグデータの解析、深層学習など、多量のデータから知見を引き出す技術を最大限に活用するＩＢＭの量子コンピュータは、世界中に普及し影響を及ぼしていると捉えることもできる。量子コンピュータが人間を動かし、行動を常時監視してデータをとり、政府にフィードバックする。そしてまた人間を動かす。こうしている今も世界で起きている現実なのだろう。

さらに、この先に起こると囁かれている〝戦争のタイミング〟や、〝パンデミックのタイミング〟もＡＩが決めているかもしれない。Ｑアノン運動も量子コンピュータによる大規模実験の一つでしかないのかもしれない。

アメリカでは特に、Qアノンの影響もあって、分断が激しく、「いつ内戦が起きても不思議ではない」ともいわれている。かつてアメリカが、アメリカ合衆国とアメリカ連合国に分かれた南北戦争の時代に戻る可能性すらある。

2021年1月のQアノン、トランプ支持者らの暴徒が連邦議会議事堂に乱入した暴動事件は記憶に新しい。あの襲撃事件の主犯格ポジションの人物が、ドナルド・トランプだという説もあった。暴徒たちが仮に軍だったら、完全にクーデターである。

そして、その事件の根幹にAIがあり、Qアノン＝AIが引き起こしたのだと考えると、すでに南北分断も水面下では実験されているのかもしれない。

非常に恐ろしい瀬戸際に、われわれは立たされているのだ！

▼陰謀論のターゲットにされる人の特徴

しかも、Qアノン＝AIが危ないのは、アメリカ国民全員に対してキャンペーンを打って広めたことではない。前述の繰り返しになるが、アノニマスによれば、精神障害者、認知障害者、薬物中毒者、情緒障害者、元虐待被害者など、**社会的弱者をターゲットにして、陰謀論を刷り込んでいた**ということだ。

彼らは総じて情報弱者であることも多く、陰謀論にのめり込みやすく、信じ込みやすく、抜け出しにくい。アノニマスの証言には、一理あると思う。

人は何かしら日常生活に不満があるものだ。その不満の原因が、「ディープステートや世界支配者層と呼ばれるものにある」と考えるなら、信じ込みやすくなってしまう。なんといっても、倒すべき明確な敵がいると結論づけてしまえば、わかりやすいからだ。

陰謀論自体、言っていることは〝ほとんど〟間違っていない。だが、ほんのわずかに違うことが問題なのだ。

Qアノンの例であれば、権力者による小児性愛は、まぎれもなく真実だった。詳しくは、ジェフリー・エプスタイン[※8]による卑劣な行いを調べてもらえればいいだろう。

では、どこが間違いなのかといえば、「トランプがディープステートと戦っている」という部分だ。トランプも〝そっち側の人間〟なのに……。

言っていることのほとんどは真実なので、それで信憑性が上がる。全部嘘だったら、誰も信じない。真実が交ざっているから、信じるのである。

だから、〝10〟あるうちの〝9〟は正解だが、〝1〟は違うというところで、おかしな方向に誘導していく。

その〝1〟が違うことで変な正義感が芽生え、議会を襲撃したりデモや暴動を起こしたりする。そうすることで、世間にはあまりいいイメージは持たれず、うさん

※8　**ジェフリー・エプスタイン**
アメリカの実業家、投資家。未成年者への性的虐待、性的人身取引容疑で2019年に逮捕された。2019年8月10日ニューヨークの拘置施設で、性的人身売買罪での裁判を前に死亡。死因は自殺と断定されたが、トランプ氏は、「暗殺ではないか」と発言している。

くさい集団扱いで終わる。しかし、それも狙いどおりだ。そうなることで、真実がどんどん葬り去られていく。そういう流れで、陰謀がうまく使われている。

これこそが陰謀論ビジネスの実態であり、その大規模実験を仕掛けているのが量子コンピュータである――これもまた都市伝説なのだが。

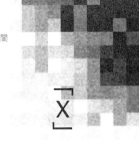

「X」に隠された人類の終着地点

▼スターリンク衛星から読み解く日本の危機

インターネットやAIにまつわる禁忌に触れてきた本章、最後は「X」である。Xはトランスヒューマニズムのシンボルである。それについては追々見ていくとして、近年最も顕著な動きを見せる人物について考えてみよう。それは、イーロン・マスク[※9]だ。

2023年7月24日、マスクは「Twitter」をXという名称に変えている。さらに、マスクが代表を務める航空宇宙メーカー「スペース・エクスプロレーション・テクノロジーズ」の通称も「スペースX」でXが含まれる。これらは、Xというシンボルを人々の目につくようにし、浸透させようとしているのだ。

※9　**イーロン・マスク**
アメリカの起業家。2000年代に決済大手ペイパルの売却資金を元手に、宇宙企業スペースXやテスラを創業。2022年には、世界長者番付で首位に。衛星通信サービスを通じたウクライナ支援やツイッター社の買収などでも注目を浴びている。

そのスペースXでは、現在「スターリンク衛星事業」を行っている。これは、地球軌道上に大量の人工衛星を打ち上げ、それらをネットワーク上で繋げて、地球のどこにいても高速インターネット通信ができるようにする巨大な衛星システムだ。

2014年に開発が始まり、2019年に大規模な打ち上げを開始。

2024年初頭の段階で、軌道上には約6000機が打ち上げられており、将来的には1万2000機に増やし、ネットワークを構築。その後、4万2000機まで拡張する可能性もあるという。2023年7月末時点で60か国以上でサービスを提供している。

このスターリンク衛星が世界的に注目されたのは、ロシア・ウクライナ戦争だ。

2022年、ロシアはウクライナに侵攻すると全土の通信インフラを攻撃し、インターネット通信に重大な問題を生じさせた。だが、スペースXがスターリンク衛星の接続サービスを無償提供したことで、ウクライナは通信回線の機能を保てている。

この事実は、スペースXに大きなメリットをもたらした。世界的な認知度・知名度を格段に上げる宣伝効果だ。世界の注目が集まっているところでは、メディアも勝手に取り上げてくれる。そのためには「戦争が一番」ということを証明した出来事にもなった。

また、戦争はそこで使用されるテクノロジー分野の発展を大きく促す。通信、航空、レーダー、コンピュータ、医療、原子力、ロケットなど、戦争が技術の発展に貢献したものは数えきれないほど存在する。

戦争の場に開発中の技術をどんどん送り出していけば、データも集められ、さらなる進歩にも繋がるのだ。つまり、スペースXの行動も目先の利益ではなく、その先を見据えたものというわけだ。

しかし、光あれば影あり。スターリンク衛星は、いいことばかりの技術ではない。**問題になっているのが光害だ。**宇宙を観測する人たちが、スターリンク衛星の光によって時期によっては星が見えなくなっているという。前述のとおり、スターリンク衛星は、今後数十年で数万機増える計画がある。さらに、ジェフ・ベゾスの[※10]Amazonなど、ほかの会社にも人工衛星の打ち上げ計画がある。光害はますます重大な問題になってくる可能性だってある。

また、現在、デジタル監視社会に向かって世の中が進んでいる。人工衛星の中にも、特定の人間を監視できる衛星があるという噂も囁かれている。人間のプライバシーを脅かすようなテクノロジーに繋がり、それが可能となりうるような人工衛星の数がますます増えていくのだ。今後は携帯の6G電波[※11]が発展していくと、さらなる連携が図られるだろう。生活はますます便利になるかもしれないが、便利になることを純粋に喜んでいていいのだろうか……。

▼「トランスヒューマニズム」はとてつもない期間構想されてきた計画だった

では、X＝トランスヒューマニズムとは、そもそもどこから始まっているのかに

※10 Amazonは2023年10月に人工衛星を使った地球上のどこでも利用できる高速ブロードバンド接続の実現を目指し、試験衛星を打ち上げた。

※11 **6G電波** 第6世代移動通信システム。2030年代の導入が見込まれている。5Gに比べ、10倍以上の高速大容量通信が可能とされている。

ついて述べていこう。少し前置きが長くなるが、大事な話なので先を急がず追っていってほしい。

1600年代に、科学の分野において専門的知識を持っている行政官、高級官僚、技術官僚らテクノクラートが一堂に集結した。彼らの間で、「人類を解放しよう」「人類をもう一つ先の段階に進化させよう」という考え方が、徐々に生まれてきた。ちょうどその時期に、イギリスの哲学者で神学者フランシス・ベーコンによる『ニュー・アトランティス』という本が出版され、ベストセラーになった。

これは一種のユートピア小説だ。作中では、ペルーを出発した主人公一行が、途中ベンサレムという架空の島に漂着。そこにある科学研究機関ソロモン学院は、あらゆる分野を研究し、発達させて、人々の生活向上に役立てていた。つまり、理想郷が描かれているのである。

フランシス・ベーコンは、『ニュー・アトランティス』を完成させる前に亡くなってしまった。だが、**人類の生活を向上させるための研究者たちが集まるという架空のソロモン学院の構想は、現実世界にも影響を及ぼした。**

そういった考え方がテクノクラートたちによって受け継がれて、1660年に創設されたのが「王立協会」である。現代でたとえれば、ノーベル賞受賞者たちのように世界に大きな影響を与える技術を発明・発見した人たちが集まる協会だ。

例えば、「近代科学の父」にしてフリーメイソンでもあるアイザック・ニュートンや進化論を唱えたチャールズ・ダーウィン、天然痘ワクチンを作ったエドワード・ジェンナーも、この王立協会から表彰されている。

『ニュー・アトランティス』はほかにも、国家の行政、個人の結婚まで、すべてが中央集権システムによって科学的に決められる「科学主義的ユートピア」を描いていた。

だから現在、世界経済フォーラム年次総会いわゆる「ダボス会議」でよくいわれる、すべての国家行政をシステム化し、インターネットで誰一人も逃がさないように管理できるような社会の構築を進めている。そう、結婚までも政府によって推奨された人と人が結ばれるような社会を提唱しているのだ。

ダボス会議の主宰クラウス・シュワブは、「所有の概念をなくすことで、人類はみな平等になる」と主張している。「平等」といえば聞こえはいいかもしれないが、それはすべて「与えられる」ということだ。

一つの〝世界統一システム〟のようなものがあって、そこからあらゆるものがすべての人に平等に与えられるという。しかし、決して真の平等が達成されることはなく、格差ができてくるはずだ。

なぜそう思うかといえば、「社会的信用がない人は、ここまでのサービスしか受けられません」というような、信用スコアシステムがだんだんと世界のスタンダードになってきているからだ。だから、平等と言いながらも、かなりの振り幅をもって二極化するのではないか。

実は今の世界で進む構想の原型ともいうべきものが、フランシス・ベーコンが17

世紀に著した『ニュー・アトランティス』にはすでに書かれている。これが、今のテクノロジーの根幹になっているといわれているのだ。

ここから、そういうテクノクラートによる『百科全書』が誕生する。これは今の事典のもとになっているようなものだ。

フランスで1751年から1752年にかけて、ドゥニ・ディドロやジャン・ル・ロン・ダランベールといった、いわゆる「百科全書派」の啓蒙思想家と呼ばれる人物たちによって書かれた。その完成によって、世界の歴史や常識が世界中にどんどん根づいていった。

『百科全書』はテクノロジーで人間を解放したいという思いを持った人たちが集結して書いている。著者たちは世界のさまざまな歴史的な書物もたくさん集めていた。

しかも、実は彼らは、フリーメイソン・ネットワークの人たちでもある。独自のネットワークで、専門家や国に伝わっているような書物を片っ端から集めて、編纂した。

ここから今でこそ〝常識〟とされるような内容のものが、どんどん形づくられ、「テクノロジーによって人類を解放しよう」という考え方が知識人の間に浸透していったのである。そして、『百科全書』が成立したのちに〝イルミナティ〟が生まれている。

▼世界の「常識」が生まれた知られざる背景

さまざまな常識が生まれたと書いたが、それには現代まで通じる世界の精神性も含まれている。**『百科全書』の著者たちは、神はいないと考える無神論者だった。**「これまで自然的なものと人間が繋がってきたといわれていたが、そんなものはない。テクノロジーだけが人類を導いてくれるものだ」というような考えの人たちが書いているものだ。

彼らが〝常識〟を作ったからこそ、この時代以降テクノロジー主義的な世界が構築されだすようになるのだ。ここが、伝統的なヨーロッパ的な宗教観から、テクノロジー重視の常識へのターニングポイントになったといえるかもしれない。

そう考えると、フリーメイソンは無神論者なのかと思えるかもしれない。しかし、フリーメイソン＝無神論者ではない。むしろ、「何らかの宗教を信仰しなければならない」という決まりもあり、信仰の自由も認められているので、キリスト教徒も仏教徒も、日本の神道やルシファーを信仰している人もいる。

また、フリーメイソンはもともと、石工などの技術者の集まりであり、当初は自然の摂理に則って神殿などの建物を建造していた。

しかし、フリーメイソンもいろいろな秘密結社といわれるものと接点が出てくることで、少しずつ変容していく。こうした中で、無神論者で技術重視の啓蒙主義者が『百科全書』を作っていったのだ。

こうしたテクノロジー重視の流れから、西洋医学やのちのナチス・ドイツを作るきっかけにもなった優生思想にも繋がっていく。

さらに、新しい科学技術を用いて、人類の肉体と認知能力を進化させ、人間の状況を前例のない形で向上させようという思想「超人間主義」が生まれていく――そう、これがトランスヒューマニズムである。

トランスヒューマニズムは、「優生学」を基盤にしている。この優生学は、1883年にフランシス・ゴルトンという人物が、初めて言語化したものだ。ゴルトンは、いとこであるチャールズ・ダーウィンの『種の起源』の「弱いものは死に、強いものは生き残る」という考えに触発され、優生学を考え出したという。

1957年、進化生物学者でイギリス優生学協会の会長を務めたジュリアン・ハクスリーという人物により、「トランスヒューマニズム協会」が立ち上がる。ハクスリーは、優生学を「人の遺伝子から好ましくないものを取り除くのに非常に重要なものである」と考えた。「優秀な人だけを作っていこう」「劣った人間はこれ以上繁殖させずに、根絶やしにしていこう」としたのだ。

そして、**テクノロジーの進化とともに、優生学はトランスヒューマニズムという**

言葉に変わっていった。

なお、これは人間の生命を管理することであり、「それで金儲けをしよう」という考えもある。本書で何度も見ているように、なんだかんだと大層なことを述べても、大本にあるのはそれなのである。

▼イルミナティ亡き後も受け継がれ続けた「イルミナティ思想」

トランスヒューマニズムの始まりは、19～20世紀の話になる。だが、その根源的な考え方は、さらに前に遡れる。そう、**源流はイルミナティ思想にあるのだ。**

イルミナティが信仰するルシファーは、神との戦いに敗れて堕天している。ルシファーがもう一度、神に抗うためには、テクノロジーにおいて進化する必要がある。

このとき、最初にどうするか？　現代ならばマシーンのようなもので強化することもできるが、当時は機械はない。そこで、〝薬物〟である。幻覚剤にも使われるメスカリンやシロシビンのようなものだ。

イルミナティは、おそらく南米などにもともと伝わっている儀式で用いられたような薬物を体系化し、マインドコントロール技術を研究していた。人類を解放するため、マリファナや大麻を人々の間に流行らせたりしたのである。

しかし、イルミナティは1785年に壊滅したといわれる。**重要なのは組織としては壊滅したが、思想は生き残り、受け継がれたことだろう。**

現代でも、いわゆる新型コロナワクチンによる薬害や添加物で体を蝕み、衰えた体を機械で代替したり、脳にAIを埋め込んだりする考え方に繋がっているのだ。

▼シンボルとしての「X」

さて、ここまでトランスヒューマニズムを巡る歴史を見てきた。いよいよ本題に

十字架を運ぶイエス

入ろう。シンボルとしてのXの正体だ。

そもそもXには、「トランス（Trans）」という意味がある。「Trans」には「超える、横切る」という意味があり、これが英語の「Cross」と同義になる。この「Cross」には「交差する」という意味がある。

昔、イルミナティが最初に崇拝した存在はニムロデだ。要するに、神に抗う者、神に反逆した存在である。イルミナティを作った人たちの間で、ニムロデ崇拝が脈々と続いており、そのニムロデのシンボルが、まさにXなのである。

さらにいえばXも、もともとは十字架である。**何の十字架なのかといえば、キリストが担がされているものだ。**すなわち、「アンチ・キリスト」

のシンボルなのだ。シンボルとしてのXには、反逆的な意味という面では共通するものの、さまざまな由来があることがわかるだろう。

また、最近は「デジタル・トランスフォーメーション」という言葉を聞く機会が増えた。これは2004年にスウェーデンのウメオ大学のエリック・ストルターマン教授が提唱した「進化したデジタル技術で、人々の社会や生活をより良い形に変革する」という概念だ。

その略称は「DX」。Dはもちろんデジタルのだが、なぜXなのか？　そう、「トランス」という意味を持つからだ。言うまでもなく、トランスフォーメーションのルーツは、トランスヒューマニズムにまで遡る。

古代のニムロデ崇拝、ニムロデ信仰では、生け贄儀式や乱交儀式のようなものがあり、その儀式の最中、エクスタシーの瞬間に男性器去勢が行われていた。

[※12]この行為の意味するもの。それは〝両性具有〟だ。宗教としても異端であり、悪魔

※12　2024年のパリ五輪のテーマは多様性だったように感じる。それは開会式にも如実に現れており、パリ五輪のマスコットキャラクターであるフリージュは、フリジア帽がモデルで、キュベレーが被っていた帽子だ。「奴隷」を意味する。フランス革命でもフリジア帽が「自由・解放」を意味しているが、後述のキュベレー信仰と繋がっている。

的な行為なのだ。こうして、生け贄や去勢の儀式を信仰の一環として受け継いできた人たちの系譜はロスチャイルド系に繋がっていく。彼らの悪魔崇拝者としてのルーツはそこにある。

ニムロデ信仰のルーツ、モデルになっているのが、約2500年前のヘレニズム時代の熱狂的信仰だ。これが、キュベレー信仰に繋がる。

自ら聖なる儀式で完全去勢した男性たちは、女性の衣装をまとい、社会的に女性とみなされた。乱交儀式の絶頂時に、男性器を切断するという異教である。

この儀式で、キュベレーの息子であり、夫のアッティスは自ら去勢し、死んだ。そして常緑樹の松として生まれ変わった＝復活したのだ。

この死と復活の象徴ともう一つ酷似した神が、ニムロデである。彼は12月25日に誕生し、バベルの塔を建て、神へ反逆する者だ。ニムロデも自分の母であるセミラミスと結婚し、その後亡くなる。セミラミスは「ニムロデは霊的な存在としてその後も生き続ける」という教義を打ち立てた。そして、ニムロデの霊が、枯れた切り株に宿り、そこから常緑樹が生えてきたと主張する。

ニムロデへの贈り物を常緑樹にくくりつける信仰が、後のクリスマス（Xmas）なのである。

先に触れた優生学の提唱者フランシス・ゴルトンは、犬や馬を繁殖させるように、人間の品種改良をしようとした。いい遺伝子を持つ人間同士を掛け合わせて、より優れた人間を作ろうとしたのだ。

彼は、１８６４年にイギリスの上流階級の遺伝子に関する研究を行っていた。「人間の知性やリーダーシップ、芸術的才能は高度に遺伝する」と考え、５年後の１８６９年に『遺伝的天才』という著書を出版。ゴルトンは「人の才能はほぼ遺伝によって受け継がれるものである」と主張している。逆にいうと、遺伝によって才能を持った人間である〝遺伝的天才〟は作れるという発想だ。

この思想が体系化され、システム化していった。最終的には優生思想のナチス・ドイツでも、ヒトラーは「人類は、機械化された超人と、そうでない人間に二極化する」という意味合いの予言を遺している。

現代社会で進んでいるのは、人間の垣根をなくす動きだ。

例えば、国連が提唱しているSDGsに、その目標として「ジェンダー平等」がある。しかしあれは、「男女同化」なのである。そもそもなぜジェンダー問題に触れるのかというのも、SDGsの闇だ。「持続可能な社会を目指す」などということと、ジェンダーは別問題ではないか。多様性は確かに配慮すべき概念であるが、本来の多様性ではなく、垣根をなくして同化し、世界統一政府への足がかりにする、そのような思想が見え隠れしないだろうか。

国連の背後には、ロックフェラー財団が関わっている。ニューヨークにある国際連合本部ビルの所有者はジョン・ロックフェラー2世だ。

つまり、国際的組織はロックフェラーのような、いわゆる貴族階級の人たちが作っている。その元になっているのは、テクノロジーで人類を管理しようという思想。その思想のシンボルがXであるというわけだ。

▼Xとキューブは表裏一体の関係

また、Xは「キューブ」のシンボルでもある。

キューブの由来は、ニムロデを生み出す存在になった〝悪魔の生みの親〟キュベレーといわれている。このキュベレー崇拝は、いわゆる去勢の儀式であり、それが徐々にニムロデ崇拝に置き換わっていったのだ。つまり、エクスタシーの瞬間に男性器を切るというのは、キュベレーの伝説を再現しているのだ。

アナトリアのほうでは、キュベレーはレバノン杉の女神フンババ＝クババと呼ばれる存在だ。それはキューブの形をしていた。それが、テクノロジーのシンボルになった。だから、Xとキューブというのは、切り離せない、表裏一体の面があるのだ。

キュベレーの子孫はニムロデであり、ニムロデはX。キュベレーはキューブ。二つのシンボルがあるのだ。

Xが名称、意匠、さまざまな場面で見受けられるように、キューブもまた、さまざまなものによく刷り込まれている。ゲームの『フォートナイト(Fortnite)』も、シーズン8が「キューブ」というタイトルで出ている。あなたも何かと身近なものでキューブを目にしているのではないだろうか。

キューブは土星信仰にも関わってくる。土星の北極付近、北緯約78度に位置する雲の模様は、立方体の形をしているのだ。衛星画像などで見たことがある人もいるだろう。

イスラム教では、サウジアラビア最高の聖地カアバ神殿にブラックキューブ、黒い立方体があるのだが、それはもともとは土星信仰からきているという。古代では、「太陽信仰の対象が土星だった」といわれているのだ。土星を太陽として考えていた、というわけだ。その信仰がうまい具合に改ざんされたのか、キューブがテクノロジー的なものの信仰に置き換わってしまっているのだ。

そもそもキューブとは、立方体だ。一面の内角の合計は、360度。それが六面ある。360×6＝2160だ。「216」という数字は、6の3乗、6×6×6が216である。666には「悪魔の数字」「獣の数字」のイメージがあるかもしれない。だが、これは悪い数字ではないのだ。666というのはそもそも宇宙にもともとある自然な数字であり、その数字自体に悪い点はない。炭素の原子番号が6で、つまりは人間の数字でもあるのだから……。

▼マイクロチップが埋め込まれるタイミング

最後に、あなたにも警戒の目を向けておいていただきたい話で、本章の禁忌の幕を下ろそう。再びイーロン・マスクに登場してもらう。

Xをさまざまな形で世界に認知させているイーロン・マスク。彼が目指しているものの一つに、「**ニューラリンク**」がある。これは人間の脳に電極を埋め込んで、脳からの指令だけでコンピュータを動かすというもの。言わずもがな、トランスヒューマニズムが完全に元にある。この技術の要になっているのが、マイクロチップだ。

そのマイクロチップについて、ビルダーバーグ会議[※13]では、〝人類の行動を漏れなく管理して、自分たちの支配下に置く〟という主旨で話し合われているようだ。

※13 ビルダーバーグ会議
1954年、オランダのビルダーバーグホテルで第1回の会議が行われ、以後、毎年1回、場所を変えながら世界的な影響力を持つ人物や企業の代表＝〝ビルダーバーガー〟が集まり、完全非公開で討議する〝裏サミット〟。

1960年代ごろ、当時はマイクロチップの埋め込みは技術的に難しかった。そこで発想されたのが、人類にバーコードを印刷しようというもの。それが当時、ビルダーバーグ会議で話し合われた。技術的進歩もあり、今ではそれがマイクロチップに変わっているのだ。

マイクロチップ埋め込みは絵空事ではない。現在、犬や猫などのペットへの使用は当たり前になりつつある。また、試験的にだがマイクロチップを埋め込んだ人もいる。これは外国人だけでなく、日本人にもいるのだ。

そうした事実は、今後もっと報道されていくだろう。このタイミングに、ぜひ注意の目を光らせていただきたいのだ。人間に当たり前に埋め込まれるときが、どういうタイミングでくるのか――それは、老人の深夜徘徊報道や子どもの行方不明の報道が急に増えだしたときだ。繰り返される報道によって、われわれは「これはマイクロチップを入れないとダメだ」という空気に飲み込まれるようになる。近い将来、こうした報道は増えるだろう。それは、〝合図〟と見ていいだろう。

ネガティブなことへの対策としてだけでは悲愴《ひそう》感が漂う。逆にいいイメージでの印象付けももちろんある。

革新的なテクノロジーは、大々的なイベントが報道されることで世の中に知られたりするもの。2014年のブラジル・ワールドカップは、一人の男性がボールを蹴って開会した。その男性は下半身麻痺の患者で、〝脳にチップを埋め込まれていた〟のだ。

本来はボールなど蹴れない体だ。しかし、彼の脳に埋め込まれたチップはコンピュータに繋がれていた。脳のチップを介して、運動回路が機能し、彼が「蹴る」と考えるだけで、実際にボールを蹴ることができた。そういう人が開会式で出てきたのだ。

こうした象徴的でセンセーショナルな映像を通して、われわれはイメージを少しずつ刷り込まれているのである。

余談だが、このワールドカップの男性は、デューク大学で治療を受けた人物だ。ここからも裏の意味が読める。デューク大学のデューク家は、昔から市民が政府に抵抗する気力を失うように、思考能力を麻痺させる実験を行ってきた。さらに、タバコ業をアメリカで独占していたり、一族がＣＩＡ創設のメンバーともいわれていたりする。裏で企んでいるという話に繋がるのだ。

こうした印象操作は、すでに実際に起こっている。

例えば、「毒親」「親ガチャ」なんて言葉が急に流行り、今や一般用語のように定着しつつある。その意味を考えてみると、優生思想の考えと親和性が良さそうだ。ただの流行言葉ではなく、何か作為的なものを感じないだろうか？

別の例を出そう。高齢者の運転ミスによる事故の報道も多い。急に増えた印象があるが、同様の事故は数として急に増えたわけでもなく、これまでの平均値と大して変わらないはずだ。報道が増えるから、事故が急に増えたという印象を受けるだけ。そういうこともあるのだ。

まとめると、急に増えてきた似たような報道には、注意を向けておくことだ。

第5章

神道・皇室

祈ってはいけない神

神道に潜む闇 すり替えられた信仰

▼なぜ、アマテラスが最高神とされているのか

「禁禁禁（タブー）」はさらに闇が深く、見えない、見えにくい奈落へ向かう。触れれば闇に侵食されてしまう危険な禁忌に、本章では手を出そう――日本の禁忌……神道、皇室である。

神道の闇を覗こう。

神道とは自然の働きの中に人知を超えた存在、神の存在を感じて、祭りや儀式を通して、平和を祈る。簡単にいえば、これがもともとの概念だった。昔から受け継

がれてきた自然崇拝、八百万《やおよろず》の神、自然と調和する生き方が本来の神道のあり方だったようだ。

ただ、それが次第に〝宗教色〟を帯び、閉鎖的になってきた。異変が起き始めたのは、江戸時代ごろのことだ。当時、すでに日本の神道は神仏習合といい、仏教、中国の儒教や道教など、古来信仰されていた日本の神様とほかの宗教や教えが混ざった、いわばハイブリッドな信仰になっていた。

そこで本居宣長や平田篤胤《あつたね》などの国学者らは、「その状況はおかしい」と主張。日本には古くから固有の神道がある。儒教や仏教などの影響を受ける前の、日本民族固有の精神に立ち返ろう――今でいうと、「縄文の精神を取り戻せ」という感覚に近いだろうか。そうした神道原理主義的な思想が台頭してきた。これを復古神道という。

だが、この復古神道が周りとの分断を生んだ。

本来、神道の素晴らしさの一つに、いろいろな宗教と調和していくという考え方がある。だからこそ、宗教的な争いや戦争が起きなかったわけだ。

ところが、**復古神道によって神道が隔絶された。**マウントのようなものを取り始めたのだ。江戸時代末期から明治維新後には、明治政府によって、廃仏毀釈や寺の破壊が行われる。神社と寺を引き離す考え方も出てきてしまったのだ。

国を挙げて排他的な考え方が強まってくれば、復古神道と意見が合わない人たちも出てくる。そうして生まれた派閥の中に、「教派神道」が登場した。

これは明治以降の国家神道ができた後に台頭してきた、国家神道に対する派閥の呼び名だ。例えば、黒住教や出雲大社教、御嶽教など、13教派ほどが台頭してきたのである。

そういう団体の一部は「カルト教だ」と言われたりもする。しかし、これはわれわれの推測だが、いわゆる教派神道といわれた所以というのは、明治の国家神道が今までの神道のあり方とはまったく異なっていたからではないだろうか。

この考え方を裏付けるのは、アマテラス[※1]（天照大御神）の信仰だ。アマテラスといえば、日本の最高神。アマテラスが頂点でほかの神はその部下というイメージがあるかもしれないが、そうではない。**そうなったのは明治以降で、歴史は浅いのだ。**

もともとは、オオクニヌシ[※2]（大国主）など出雲系の神が多く祀《まつ》られていたようだが、明治以降、国家神道によって伊勢神宮を頂点にし、神社の御祭神もアマテラスを中心とした天孫系の神にすり替えられていったのだ。

なぜなら、天皇はアマテラス直系であるニニギノミコト[※3]の子孫だ。国家神道はアマテラスを頂点として祀り、天皇家の祖先とし、天皇家の繁栄のために神道を利用した。

そして天皇を〝特別な存在〟にするために、もともと神々にはなかったヒエラルキーを作り、アマテラスをワントップにし、国民を一つの方向に向かわせるためのものに変えていった。なぜ、ここまで書き換えたのか。それは、戦争の口実にするためだ。戦争に利用し、国民を団結させるためだったのだ。

※1　アマテラス（天照大御神）
日本神話の最高神。太陽神と皇祖神の二つの性格を持つ。伊勢神宮（内宮）の祭神。

※2　オオクニヌシ（大国主）
出雲国造の祖神。出雲大社の祭神。記紀や『出雲国風土記』では天孫降臨以前の葦原中国の支配者で国譲りの物語が伝えられる。

※3　ニニギノミコト
『古事記』にはアメニギシクニニギシアマツヒダカヒコホノニニギノミコト、『日本書紀』にはアマツヒコホノニニギノミコトとある。神武天皇の

だから、その考え方とは反する教派神道が、もともとあった教えを守るために、立ち上がらざるを得なかったのではないだろうか。

▼神話は権力者に利用される

神道はそのようにして、明治政府によって利用されるものになってしまった。明治の始まりの頃は、明治維新を裏で進めたロスチャイルド家が、日本を実質支配しだした時代である。

やがて神道の国教化を図り、伊勢神宮を神社の頂点に置き、ほかの神社は伊勢神宮の部下のようなものに変えていった。

江戸時代は幕府の将軍が日本を統治していたが、明治維新で国の頂点を天皇に変え、国を作り変えた。そのために伊勢神宮を頂点として、皇室の祭祀、儀式、天皇に対しての崇拝や崇敬のシステムに全国の独立した神社が組み合わされていった。

曽祖父とされている。

最終的に、国家神道は第二次世界大戦後の１９４５年、ＧＨＱの「神道指令」という命令によって廃止され、国家権力からは分離された。

その後、皇典講究所や大日本神祇会、神宮奉斎会などの民間の神道系の団体が、新たに神社本庁を作り、その権力を引き継いだ。それが今では、文部科学大臣所轄の宗教法人として認められる団体になっているのだ。

神社本庁も国家神道のときの様相と大して変わらない。伊勢神宮をトップとして、国家神道の流れというのは、そのまま受け継がれているのだ。

なぜ、伊勢神宮をトップとした信仰にしたいのか。それは、天皇家、いわゆる天孫系を中心として書かれた『古事記』『日本書紀』（「記紀」）の歴史観に基づいているからである。「記紀」は、各地方にいた氏族たちを統制、支配したヤマト王権によって、奈良時代の8世紀に編纂されたものだ。

そこには、国家神、高祖神として祀られたアマテラスを中心とした神話が描かれている。アマテラスは天皇家の中心なのだ。だが、「記紀」の時代は明治の国家神道のときほど、アマテラスを重要な形では祀ってはいない。

さらに、当時の地方の神社には、それぞれその地方の神々が祀られていた。だが、明治以降は変えられたという。きちんと組織化されて、その中に組み込まれたようだ。

ところで——先にも述べたが、アマテラスを神道の祖神として祀った歴史は浅い。だが、『古事記』『日本書紀』の時点でも、どう読んでもアマテラス中心のストーリーである。つまり、そこに禁忌が秘められているのだ。

現代を生きる普通の日本人の感覚からすると、「中心はアマテラスで当たり前」という感覚がある。その神話が、まさか改ざんされているとは思わないだろう。

しかし、**歴史とは時の権力者によって都合よく書かれているものだ。**本来であれば、地方の氏族たちの言い分はあるのだろうが、それら各地方の歴史書をヤマト王権が全部集めて書き換えた可能性が高いのだ。そして、「記紀」を編纂するにあたり、都合のいいところだけをかいつまんだ。

今の神社本庁の所属に入っている約8万社の神社の御祭神の大半は、「記紀」に書かれた神の名前に変更されたままになっている。それまでは地方によって、多様な名前があったはずなのだが……。例えば、〝農耕の神〟だとしても、地方によって全然名前が違う。そういう土着の神がほかにもたくさんいたはずだが、それらはすべて明治維新後の国家神道が作られたタイミングで変えられているのである。

さらに、国家神道は神道と国が離されたことで、管轄が神社本庁になったが、国教でなくなっただけのことで、今でも実態は変わっていない。

▼日本神話は世界で起きていた!?　メソポタミア起源説

それでは、書き換えられてしまった神々の元の名は、もうわからないのだろうか？

いや、完全に消し去ることなどできなかったのだ。

『竹内文書』や『秀真伝』『宮下文書』『先代旧事本紀』『九鬼文書』……いわゆる古史古伝と呼ばれる文献は、今でこそ「偽書」といわれている。しかしここには本来、神々の名前がいろいろな地方の氏族によって大体書かれている。ここに神々の名は残されているのだ！

最近では、考古学的にも再び注目され始めている。現在確認されている古史古伝は、当時の氏族の末裔たちが焚書などを恐れて、口伝で語り継いできたともいわれている。

その内容だが、『古事記』『日本書紀』の考え方とは異なり、かなりぶっ飛んでいる話が多い。

例えば『宮下文書』には、初代神武天皇が即位した以前にも富士王朝、ウガヤフキアエズ王朝という王朝が、すでに73代も続いていたと記されている。つまり、日本の歴史が何万年もあるような、常識から考えると大きくかけ離れたような話も書いてある。しかし、その歴史は本当に〝嘘〟なのかと問われれば、あながち嘘とは言い切れないのではないだろうか。

こうした話が出てくると、その〝証拠〟が日本に残されているかが必ず焦点になる。だが、証拠が見つかっていないということは否定ではなく、〝新たな可能性〟の示唆にもなりうるのだ。つまり、**偽書とされる古史古伝の中の一部には、日本列島以外の話も含まれている**のではないだろうか。

もともと日本という国も、世界中の国も、現代の「国」という概念としては存在しなかったわけだ。国という概念がないのであれば、「記紀」でも古史古伝でも、そこに書かれていることが日本列島で起きた話ではなくても、構わないではないか。そもそもの捉え方、考え方、読み解き方の前提が違うということである。

日本の国譲り[※4]にしても、考古学的証拠は何も見つかっていない。神武天皇の東征[※5]の際、一行を導いたことで知られる八咫烏《やたがらす》の伝説も、アレクサンダー大王がエジプトでカラスに導かれた話と似ている。もしかしたら、日本が舞台の話ではなく、世

※4　**国譲り**
『古事記』『日本書紀』などに記されている神話の一つ。オオクニヌシが葦原中国をアマテラスに献上した神話。

※5
神武天皇の軍が熊野、吉野を越えて大和へ入るとき、アマテラス（『古事記』では高木神）の命で派遣された八咫烏が先導を務めたとされる。

界で起きたことが記されているのかもしれない。

ほかにも、日本の神話が世界の神話に似ているという話は枚挙にいとまがない。それはみな、世界で起きていたことなのだ。

異なる角度から話を付け加えれば、日本の神々は、シュメールの神に対応するともいう。

「高天原」[※6]は、シュメールの昔の名前であるタガーマ州やハランからきているという説もある。その二つを合わせて「タカマガハラ」になるという。

また、**日本神話の「メソポタミア起源説」というものもある。**メソポタミアにあったニッポー(ニップル)という都市が日本(ニッポン)となったという話もある。

話が受け継がれた土地と神話の舞台は必ずしもイコールで結びつかない。そう考えると、タブーを読み解く有効な視点を得られるだろう。

※6 高天原
日本神話におけるアマテラス、スサノオなどの天津神の住む天上の世界。

日本とメソポタミアを結びつける重要な要素として「比較言語学」というものがあり、日本語とシュメール語は非常によく似ているという説がある。ポイントは次の3点だ。

①膠着語《こうちゃく》の共通性

シュメール語と日本語は、いずれも「膠着語」と呼ばれる言語構造を持っている。膠着語は、名詞や動詞に助詞や接辞を付けて文を形成する特徴がある。

②共通の語彙

「シュメール語と日本語には共通の語彙がある」との説がある。例えば、日本語の「スメラギ」や「スメラミコト」、そして「ミカド」はシュメール語由来とされている。ただし、これは学術的な議論が進行中であり、確定的な結論は出ていない。

③言語学的特性

シュメール語は「ウラル・アルタイ語族」に属し、その特徴は周辺のセム語族やインド・ヨーロッパ語族とは異なる。一方、日本語は独立した言語であり、地理的には離れているにもかかわらず、言語上の共通点が見られるのは興味深いことである。

さらに、「シュメール語が日本語の起源に発するのではないか」という説を裏付けるもう一つの特徴が、**日本語タミル語起源説**である。

こちらも言語構造や語彙の類似性、日本列島への渡来人の中に南インドやタミル語圏からの移住者がいた可能性があることなどがその根拠となっている。

タミル語を話していた一族が、インドに住んでいたドラヴィダ人である。彼らはもともとは、南部メソポタミアに住んでいた。

ドラヴィダ人は、3500年以上前に、西北方から戦闘的な民族・アーリア人がインドに侵入し、土地を奪われた。インダス文明（BC2500年~BC1500

ドラヴィダ人がクナ国から出雲へたどったルート

年）を築き上げたドラヴィダ人のクナ国（インドのマディヤ・プラデーシュ州）のクナト王は、4000年前に数千人の住民を日本列島に導き、出雲に定住。古代出雲王朝を築いたとされる。

そのような歴史観で日本語タミル語起源説、日本シュメール起源説が出来上がっていったと考えられるのだ。

日本神話において日本は「葦原中国」というが、古代シュメール人たちは、自分たちが住んでいた場所（国）を「キ・エン・ギ」と称した。

古代シュメール語において、「キ」＝場所、地方、「エン」＝主、「ギ」＝葦、つまり「葦原中国」なのである。メソポタミア文明は、チグリス・ユーフラテス川に囲まれた場所で勃興している。葦が広がる湿地帯であったことがうかがえる。

日本神話で葦原中国と呼ばれるのは、日本の神がシュメールから渡ってきたからである。

また、**日本からシュメールまでの全土がそもそも「日本」だったかもしれない。**

▼出雲の地に眠るかつての神道の姿

今の伊勢神宮を頂点とした考え方は、ロスチャイルド家に乗っ取られてからの話だ。この辺りをもう少し深掘りしよう。

言うなれば、**これは明治に、もう一度国譲り的なものが行われた〝第二次国譲り〟でもある。** この第二次国譲りで神道の数ある派閥の中で、神宮教が日本の中心になった。

ところで、出雲大社に教派神道の出雲大社教という団体があり、出雲大社の宮司で、出雲大社教の設立者の千家尊福《せんげたかとみ》という人がいた。彼は伊勢神宮を頂点とする伊勢派に逆らった人物といわれている。いわく、「アマテラスを祖神として祀るのはおかしいのではないか」と。要するに、「伊勢神宮が神宮大麻を神棚の中心に祀らせる。それは、民衆からお金を取っているから、金稼ぎではないか」ということなのだ。

そういったネガティブキャンペーンを打っていたため、教派神道の出雲派と伊勢派は真っ向から対立。最終的には、伊勢派から出雲派が「神の時代より続く、つまり、国譲りの時代から続く積年の宿怨をはらそうとしている」と糾弾されることになる。

伊勢派＝アマテラスに対してそのような思いを持っているなら、アマテラスから繋がる皇室に対して、それと同様の心を持っている「出雲大社の宮司・千家尊福を誅殺《ちゅうさつ》すべし」とまでいわれるほど、誹謗《ひぼう》中傷を受けることになってしまった。伊勢派の関係者にとっては、「彼を抹殺するくらいしないと、自分たちが考える方向に行けない」と思わせるほどに力を持っていたということだ。

千家尊福には「国家神道の派閥に入れられたら、自分たちが今まで守ってきたものを変えられてしまう」という懸念があったのだろう。そうした流れから、千家尊福は出雲大社教を設立。出雲の地を、そしてオオクニヌシら土着の神を細々とでも守っていこうとしたのである。

なお、神社での柏手は「二礼二拍手一礼」で知られているが、出雲大社の柏手は「二礼四拍手一礼」と特殊なことはご存じだろうか。

これは、民俗学に詳しい人たちが言っていたことだが、**〝封印する力を強める〟意味があるのだという。**「出雲大社はオオクニヌシを祀っているが、それを封印しているのではないか」というのだ。

10月は神無月だが、出雲では神在月となり、全国の神々が集まってくる。それに伴い、参拝客も多く集まってくる。いろいろな神が結集して、その封印を抑えて、なおかつ多くの参拝客が二礼四拍手一礼を行うということは――神々と一般の人々みんなの力でオオクニヌシを封印していることになる。

この〝封印〟は、最初の国譲り後から行われているものだ。ほかにも古来行われている封印の例はある。それが伊勢神宮と出雲大社で行われている「遷宮《せんぐう》」だ。遷宮は、簡単にいえば社殿の建て替えだ。新しい社殿を建て、御神体を移す。これにより、神の力が蘇生し再誕するという意味合いがある。

伊勢神宮では20年に一度、出雲大社では60年に一度行われる。この遷宮こそが封印を目的としているのではないかという説もある。つまり、そこの土地に封じられた神が解放される可能性があるから、わざわざ社殿を移して、また封印する。同じところにずっと社殿を置いておくと、封印する力が弱まっていくという発想だ。

島根県立古代出雲歴史博物館　古代の出雲大社

出雲大社の封印の話なら、まだある。

古代に建造された初期の出雲大社の社殿は、高さ約48mの高層建造物で、正面に傾斜のついた長い階段を持っていたという。これは証拠も出ている。直径1m超の杉を3本束ねて作られた「宇豆柱」と呼ばれる巨大な柱が出土しているのだ。その時代において途方もない技術によって作られていたことがわかるのだが――これとそっくりな構造を持つ建造物がまったく異なる場所、時代に作られている。エジプト、ギザの大ピラミッドだ。

ギザのクフ王のピラミッドは、内部の「王の間」に続く大回廊が、出雲大社の社殿へと続く長い階段と、長さや角度がそっくりなのだ。

そのピラミッドこそ、もともと〝封印するため〟に作ったという話もある。出雲大社の昔の形がクフ王のピラミッドの構造に似ていることから類推すると、出雲大社の社殿もまた、封印するためのものだったのではないかと考えられるのである。

これはひょっとすると、国譲りのときに作られた可能性もある。

オオクニヌシが天孫系の神に、「国を譲るから代わりに自分たちにいい社を建ててほしい」と言ったという話がある。天孫系の神はそもそも外来の神だ。おそらくエジプトのほうから日本列島に訪れてきたのだろう。そして、ピラミッドの内部構造と同じ封印に適した社をオオクニヌシは作られてしまい、封印され、力を封じ込められた。

なお、クフ王のピラミッドは今もそのままの形をとどめ残っているが、出雲大社は高層建築ではなくなった（低くなってはいるが、構造そのものは似ている）。その理由は想像でしかないが……単純に壊れたのだろう。社殿に続く階段は木造でむき出しだ。一方、ピラミッドは巨石で守られ、安定を保っている。

▼徹底的に追いやられる国津神

大本教[※7]の2代目教主・出口王仁三郎。彼が口述筆記した教団の教典『霊界物語』に国譲りの話が書かれている。

それによると、国譲りの際に天孫系の神がオオクニヌシに対して、「もし炒った豆から芽が出るようなことがあったら、また国の王権を担っていい」と言った話があるのだそう。しかし、当然炒った豆から芽が出ることはない。

そして、炒った豆といえば、節分のときにまく豆が想起される。そう、**〝二度と出てくるな〟という呪詛《じゅそ》こそが節分なのである。**「鬼は外とは、壮大な呪詛である」と王仁三郎は書いているそうだ。

また、節分といえば鬼だが、ヤマト王権の時代、王権に反対した人たちのことを鬼と呼んでいたようだ。差別用語である。民俗学的に判明している話であり、『桃太郎』の鬼もそこからきている。

※7　**大本教**
神道系の新宗教。出口なおを教祖に、その養子・出口王仁三郎によって組織された。艮の金神による世直しを目指したが、政府によって激しく弾圧され、消滅した。

そして鬼は、国を譲った出雲系の人たちのことでもある。すなわち、節分の際の掛け声である「鬼は外」とは、彼らの復活を阻止するための呪詛だ。

つまり2月の節分の日は、日本中のみんなで、その呪詛を行っているということになるのである。

王仁三郎、大本教が祀っていた神は、「艮《うしとら》の金神《こんじん》」という。

今でこそ、「鬼門のたたり神」だといわれるが、もともとは、国津神系の神だ。本来の日本を守っている神なのだが、それが今、鬼門という悪い気が流れる方角に追いやられている。「その神をさげすみ、悪く扱う。そういった風習が日本に根づいている」と王仁三郎は言う。

例えば、五節句や正月などにも見てとれる。これらはあくまで一説にすぎないが、門の前に立てる門松は、艮の金神の墓標だ。紅白の鏡餅は、艮の金神の骨と肉を表す。飾り物の鞠は、艮の金神の頭。弓矢の的は艮の金神の目を表す。体をバラバラにしているというわけだ。桃の節句では、よもぎの草餅を食べる。あれは、艮の金神の皮膚であると。とことん、艮の金神が追いやられている。

それは歴史的に考えていくと、辻褄が合ってくる。「体がバラバラにされた」ことを示す伝承があるからだ。

われわれは知らず知らずのうちに神道のタブーに踏み込んでいたのだ。

大本教は天皇家に二度も弾圧されたため、〝カルト教団〟という印象が強い。その教主である王仁三郎も同様だ。だが、実際はカルト教団だったのだろうか。歴史を検証するための一つの材料として見ていくことも、タブーを探求する姿勢には大切なのではないかと思うのだ。

造られた首都東京 その〝目的〟

▼鉄の結界から読み解く東京の陰陽

明治時代、国家神道と教派神道、要するに、伊勢派と出雲派との派閥争いの結果、今では伊勢派とされる神道派閥が日本の権力を担っている。

それはすべて、今の天皇家が繁栄するため。神の力や土地の持つエネルギーを全部利用するために、日本には〝結界〟が張り巡らされているという。

その一つの例として挙げられるのが、**皇居を守るために張られている山手線の〝鉄の結界〟だ。**陰と陽のバランスを表す太極図のように、環状の山手線とその中を貫くように中央線が通っていて、山手線の上下で陰陽になっている。中央線はまっす

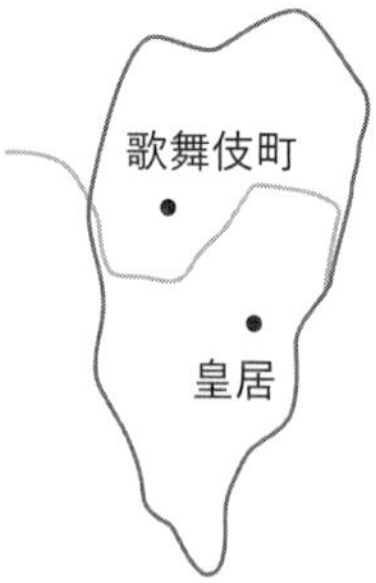

山手線×中央線による太極図

ぐではなく、歪みがあるのだが、太極図の陰陽を分けるラインも歪んでいるので、これもまたそっくりだ。

太極図には陰陽それぞれにドットがあるが、陽の側のドットの位置には皇居があって、陰の側のドットの位置には、歌舞伎町が位置する。清濁、または対極とでも表現できようか……。それぞれのエネルギーが正反対のもので構成されている。

また、山手線に交わる小田急線が、富士山からの運気を風水的に引っ張ってきている。


つまり、風水を理解している人たちが、建設業界にはいるのだ。しかも、フリーメイソンも多いという話もある。建設自体、もともと石工団体であるフリーメイソンとの共通性も高い。陰陽道や占いなどの観点をきっちり理解している人たちが作っているのではないか。

これは鉄道による結界だから〝鉄の結界〟と呼ばれる。なぜ、鉄なのか。鉄はスピリチュアルな能力がある物質という意味合いもあるからだ。そう、鉄は霊的なものを運ぶ役割があるのである。

例えば、「シルバーには邪気を払う効果がある」と聞いたことはないだろうか。

余談ながら心霊スポットに行くときはシルバーアクセサリーを身につけることにしている。都市伝説ではあるのだが、古代の人々の叡智でもあるため、信じる価値はあるのではないだろうか。

▼風水と東京の都市設計の密接な繋がり

風水といえば、現在の皇居、つまり江戸城にも興味深い話がある。**江戸城および**

江戸の街には、徳川家康が結界を張り巡らせたことが知られている。家康自身が、風水を強く意識していたともいい、江戸の街づくりを寛永寺で住職を務めた南光坊天海[※8]という僧侶に指揮させているのだ。

江戸城の北東、鬼門の方角には神田明神や上野の寛永寺、西南の裏鬼門には永田町の日枝神社。富士山からのパワーが流れる龍脈には、徳川家の菩提寺である増上寺。つまり江戸城は、寛永寺と日枝神社を一直線上に繋いだライン上にあり、さらに富士山や秩父山系の霊力を引っ張ってくるように設計されていたのである。

南光坊天海にちなみ、もう一つ。皇居、江戸城

※8　南光坊天海
安土桃山〜江戸時代前期の天台宗の僧。徳川家康、秀忠、家光の幕政に関与。日光山を与えられ、東照宮を造営し、江戸の上野忍ケ岡に東叡山寛永寺を開いた。

五色不動が皇居を囲むように配置されている

の別の結界の話をしよう。

東京には、目黒、目白という地名・駅名がある。この名称は、不動明王に由来するものなのだ。目黒不動、目白不動という名前も聞いたことはないだろうか。

それ以外にも、実はあと三つある。それは、目黄、目赤、目青である。それらを五色不動といい、皇居を囲む結界になっているのである。

五色不動は江戸幕府の3代将軍・徳川家光が天海の建言によって、江戸から5か所の不動尊を選び、天下太平を祈願したことに由来する。場所は、現在の目黒区、豊島区、文京区、世田谷区、そして目黄不動だけなぜか台東区と江戸川区の2か所にある（いらないものを作るはずがないので、2

か所ある理由はあるのだろう）。

ここまでの規模で江戸の街を作ったのだ。天海がどれだけ風水周りの信頼を幕府から得ていたのかがよくわかる。なお、天海はもともと比叡山延暦寺で修行を積んで、武田信玄のもとでも活躍した僧侶だといわれる。その一方で、「明智光秀と同一人物だった」という説もある。それこそ、本能寺の変は家康が仕組み、光秀がそれに従って動き、死んだことにして天海になった――だから家康の周りの風水的なことをすべて行っている、という説すらもあるほどだ。

そして、さまざまな結界が江戸城・皇居周りに張られる中で、その〝現代版〟が先述の〝鉄の結界〟である。後述するが、東京スカイツリーや東京タワーも鬼門封じ、鬼門除けの装置である。

「鬼門」がなぜ、鬼の門という名なのかを考えたことはあるだろうか。鬼を意味するものはいくつかあるが、艮の金神であり、国津神であり、もともとは地方にいた豪族、氏族、ヤマト王権に逆らった人たちだ。彼らは、ヤマト王権に支配された後、北東の方角に逃げていったといわれている。要するに、「鬼」と呼ばれた人が迫害され、東北地方に追いやられたのだ。東北地方、特に岩手県などに鬼の伝承が多く伝えられているのもそのためだろう。だから、鬼門は北東なのである。

追いやられたとはいえ、艮の金神は日本を担っていた神でもある。それだけに、すさまじい力を持っているからこそ、祟られないようきちんと祀らなければならない。

そして、その強い霊気は強大なエネルギーになる。自分たちにそれがよい形で流れてくるように、強力な艮の金神を封じた……「邪気を完全に封じて、力をいただく」というイメージだろうか。

▼スカイツリー建設によって完成した東京の結界

実は鬼門は固定ではなく、時期によって変わるようだ。もともと艮の金神も、全国各地を移動する神ともいわれている。だから、「鬼門除け」や「鬼門封じ」とは、完全に〝そこ〟にいさせる、鬼門自体を固定するためのものだと考えられる。**2012年に完成した東京スカイツリーは、鬼門を固定するための建築物ではないか、**というわけだ。

東京スカイツリーは、結界としては最近の建物である。スカイツリーを配置したことで、何か変わったことがあるのか考えてみると、〝ある〟のだ。それは、電波である――スカイツリーは地デジの電波塔だ。

この電波の変更・変化が、どのようなエネルギー変化をもたらし、どんな影響を与えたのかはわからない。

だが、電波を操る側の者は、陰陽道や風水などに精通しているのではないかと思えるのだ。ラジオの周波数も、全部足したら666になるともいう。これはもちろん、スカイツリーの地上部634mに地下部分を足した高さが666mになることにも通じる。

要するに、ある意味では〝呪術〟に近いものなのであろう。都合のよいエネルギーが流れてくるように、このようにいろいろな建物が作られている。その中でも、スカイツリーの建設によって、東京の結界は完成したといえるのかもしれない。

▼風水重視の徳川家康から続く「東京」という都市の正体

東京で最も風水的にいいとされた場所は、皇居ということになっている。それは、徳川家康が南光坊天海の助言を受けながら、人工的に作った風水的にいい土地ということである。そもそも皇居周辺は、縄文時代まで遡れば海だった。地理的にいい土地とされている場所ではない。

「いい土地があるから、ここに城を建てよう」という発想ではなくて、**「ここに城を建てるのだからよい土地にしよう。そのために神社を作ろう」という発想**なのだ。

徳川幕府ができた当時の江戸は、何もない土地だったという。そこで、天海が江戸を選んだ理由として、「江戸こそが四神相応の地だから」といわれている。

四神とは中国に伝わる青龍、白虎、朱雀、玄武の4体の霊獣のこと。それぞれ東西南北を守護していると伝えられており、天海は東を流れる隅田川を青龍、西の東海道を白虎、南の江戸湾を朱雀、北の台地を玄武に見立てて江戸を選んだといわれているのだ。

神社を建てることは、土地を浄化する力となる。

例えば、江戸時代以前に処刑場があった場所はいわゆる霊道などになりやすい。神社を建てることで、正常に、あるいはいいものにする。神社のせいでその土地が悪くなったということはないはずである。

また、悪いものを追いやってしまうということもある。

遊郭の集まっていた吉原は、もともと江戸城の東あたり、日本橋方面にあったといわれている。そこから現在の台東区に移転。これを指示したのが、徳川幕府だ。そして、台東区の吉原は、ちょうど江戸城の鬼門に位置する場所なのである。あまりいい場所とはいえない鬼門の方向に、吉原を追いやったということだ。

処刑場は、東海道の鈴ヶ森、中山道の板橋（ここでは新撰組の近藤勇が処刑された）、日光街道の小塚原のように、街道に面して置かれている。これは処刑者の霊に江戸の街を守らせるという呪術的意味もあったためだ。深い恨みを抱いた霊魂に思いっきり悪い気を放たせ、街道を通って入ってくる悪い気の邪魔をさせるという、〝毒をもって毒を制する〟呪術的手法である。人柱を使って水害を防ぐやり方や、大坂城の徳川時代の天守閣の鬼門封じに、山里曲輪《くるわ》で自刃した豊臣秀頼や淀殿の霊を利用したやり方と同じ手法なのだ。

最後に、江戸城にからむ都市伝説をもう一つ。

これも禁忌かもしれないが、今の皇居の地下には、もう一つの江戸城がある。

それは徳川の江戸城ではない。徳川家康が江戸に幕府を開く前からあるのだ。室町時代、扇谷上杉家の家臣だった太田道灌《どうかん》が築いた江戸城だ。

徳川家康が幕府を開いたとき、江戸城の拡張工事が行われた。このとき、道灌の築いた江戸城は埋め立てられたといわれているのだ。

皇居は堀があり、石垣があり、少し標高が高い位置にある。その地下に、もともととの江戸城があったとされており、その点から皇居の地下には、地下7階ほどの深さがあり、地下トンネルや軍事施設、秘密の隠し部屋のようなものがあるのではないか、という都市伝説的な話も生まれている——皇居・江戸城の謎もまた、深いのだ。

第6章

政治

知ってはいけない、
この国とあの国を
作った者たち

日本の政権は、CIAのもの?

▼満州国建国の裏にユダヤ(アヘン)マネーの流れあり

日本の政治は「禁禁禁(タブー)」に満ちている! 闇でどす黒く染まり、手探りで触れればすぐに禁忌に行き当たる。そこは健全な世界ではない——アヘンの毒に侵食されているからだ。

政治についての禁忌、そのうちの一つは自民党の裏側にあり、そのパワーを支えたアヘンマネーだろう。

今の日本の政権を担っているのは自民党だ。その結党の背後には、アヘンを資金としてどんどん巨大化していき、最終的に自民党が出来上がるという流れがあった。自民党総裁・内閣総理大臣として権勢を振るった吉田茂、佐藤栄作、岸信介など、彼らの裏にユダヤ（アヘン）マネーがあったのだ。

どういうことか？　第二次世界大戦中のことだ。ロスチャイルド家の傘下にあったジャーディン・マセソン商会の横浜支店長だったといわれる吉田健三は、アヘン密売会社である昭和通商を通して、中国でのアヘン密輸で大儲けしていたという。この吉田健三の養子こそ、戦後日本の礎を築いた内閣総理大臣・吉田茂である。

吉田茂は昭和通商で、アヘン密売に従事、満州帝国建設資金を調達していたという話がある。なお、このとき吉田とともに動いていたのが、満州国の行政機関である満州国国務院に勤務していた岸信介だ。

つまり、**日本による満州建国の裏側に、ロスチャイルド家らユダヤ系の勢力のユダヤ（アヘン）マネーが資金源としてあったことも容易に推察できる。**

ＧＨＱの「傍聴レポート」というものがある。これには、「上海のアヘン王」と呼ばれた里見甫《さとみはじめ》というアヘン貿易の大本になっている人物たちが密談をして、岸に政界工作資金を提供していることが記載されていた。アヘンに関わっている人間たちは、GHQの中で要注意監視扱いになっていたのだ。

当時、岸は無名な人物ではあったのだが、アヘンマネーの話が出てからは厳しく目をつけられていた人物だったのである。

さらに、後には吉田、岸らが属した自民党にも、アヘンマネーによる資金が入っていたのは、ごく自然な流れでもあるのだ。

▼巨大な権力を持つ貴族の介入

「上海のアヘン王」里見甫は中国語も堪能であり、また、いうなれば日本のヤクザや暴力団のような人間だ。そんな彼が、アヘンで莫大な利益を上げられるほどになったのには、もちろん理由がある。〝ユダヤの世界が介入〟していたのだ。

〝ユダヤの世界が介入〟と聞くと、ロスチャイルド家やロックフェラー家の関与を想像するかもしれない。だが、**ここでは〝もっと上の存在〟が介入していたのだ。**

それが、アイゼンバーグ家である。

アイゼンバーグ家とは、ロックフェラー家、ロスチャイルド家が頂点の〝イルミナティの十三血流〟の、さらにその上の存在。ロスチャイルド家すらもコマとして扱うような、大きな権力を持っている存在だ。

このアイゼンバーグ家のショール・アイゼンバーグという人物が、第二次世界大戦中の1940年代に来日した。これが曲者である。

表向きは、亡命ユダヤ人といわれているのだが、もちろんただの亡命者ではない。スパイ説すらもまことしやかに囁かれるように、日本の政界・財界に入り込んできたのである。

アイゼンバーグは日本に亡命している最中に、オーストリア人亡命者の画家フロイデルスペルガーと出会い、彼とその日本人妻との娘であるノブコと結婚……ここで日本国籍を取得する。

このノブコの母方のコネクションを通じて、1940年代にアイゼンバーグは、〝戦後財界のドン〟とも呼ばれた後の新日本製鐵の会長・永野重雄らと出会う。そうして財界人、政治家に近づきながら、政財界に入り込んでいったのである。

また、アメリカには1920年代から続いていたマフィアの抗争を統一したマーダー・インク（Murder, Inc.）＝殺人株式会社という組織があった。これをアイゼンバーグが運営しているという。しかも、恐ろしいことにロシアンマフィアすらもアイゼンバーグが統括していたという話もある。つまり、米露のマフィアはすべてアイゼンバーグが大本ということだ。

余談ながら、現在のロシア、プーチン政権の裏にも基本的にマフィアの存在がある。アイゼンバーグは、そこに繋がる原点のようなものだ。突き詰めていくと、ロシアとウクライナの戦争のシナリオ、〝やらせ〟の背後には、どちらもユダヤ系の権力が見えてくるのだ。

それでは、亡命の形をとって日本に来て、政財界に入り込んでいったアイゼンバーグの目的は何であったのか？　それは、〝研修〟である。もちろん、ただの研修ではない。**イスラエルを建国するための研修だ。**

江戸末期から明治維新の時期、日本にはイギリス系の勢力が入り込んできて、開国させられ、発展を遂げた。それと同じように、イスラエルを建国して発展させるために、日本の発展の仕方を学びに来たのだといわれている。

米露のマフィアのボスでもあるアイゼンバーグが、日本滞在中に日本の大物右翼であるヤクザと繋がりを持つことになった。流れとしてはごく自然な展開といえるだろう。そのヤクザが、前述の里見甫というわけだ。凶悪な権力の邂逅《かいこう》というところか。

里見甫は1937年に日本商事という会社を設立。その目的は、塩、タバコ、医療品などの輸出入が表向きなのだが……実際は、中国で得たアヘンマネーの国内での受け皿になっていたという。

本来、中国大陸でのアヘン市場は、日本が握っていたわけではなかった。もともとは、イラク系のサスーン財閥が独占していたのだ。「ユダヤ系ではないのか」と思うかもしれないが、サスーン財閥はロスチャイルド家と婚姻関係を結んで、大きくなった財閥である。

このサスーン財閥は、当時の中国国民党を支持しており、中国南部にサスーン独自の帝国を作る計画があった。そのため、中国共産党とは折り合いが悪かった。やがて、中国共産党が政権を握ると、サスーン財閥は中国でアヘンの売買ができなくなり、アヘン市場を失うことになった。もちろんこの裏にもアイゼンバーグがいる。中国共産党と繋がっていたアイゼンバーグが、サスーン財閥へ圧力をかけることで追いやっていったわけだ。

勢力が弱まったところにつけ込んだのが、里見甫をはじめとする勢力だった。里見が中国の秘密結社である青幇《チンパン》や紅幇《ホンパン》に人脈を広げていき、一時はイギリスをはじめとするサスーン系のロスチャイルド勢力を排除。日本が中国のアヘン市場を支配下に置いたという。そこまで日本は権力を強めたといわれているのだ。

サスーンは基本的にはロスチャイルド勢力なので、アヘン取引がアイゼンバーグ権力へ移っていったという事実は、中国においてロスチャイルド家よりアイゼンバーグが力を持っていたことを如実に物語っているのだ。

▼ＣＩＡ、モサド、名だたる諜報機関を設立したアイゼンバーグの手腕

アイゼンバーグ家は、マフィアを統括している以外にも〝世界の諜報機関〟を作っている。

スカル・アンド・ボーンズというアメリカのイェール大学にある秘密結社は、アヘンマネーで大きくなった組織だ。その秘密結社の会員とともに、アイゼンバーグはアメリカ貴族の諜報機関である戦略情報局（ＯＳＳ＝オフィス・オブ・ストラテジック・サービス）を１９４２年に創設したのだ。ＯＳＳこそ、後のＣＩＡである。

さらにアイゼンバーグは、１９４８年にイスラエルを建国すると、１９４９年に

イスラエル諜報特務庁、通称モサドも設立。モサドは現在、CIAに次ぐ世界有数の諜報機関である。

現在の名だたる世界トップレベルの諜報機関の生みの親はアイゼンバーグなのである。それらの設立資金の出所は言うまでもなく、アヘンマネーだ。アイゼンバーグにより里見甫に、アヘンマネーが流れていたからこそなのである。

▼国内最大の広告代理店の知られざる影の歴史

その後、里見甫が、新聞聯合社（日本新聞聯合社）の創設者・岩永裕吉、総支配人の古野伊之助、そして電通の創業者・光永星郎と交渉を行い、1932年、満州における聯合と電通の通信網を統合。国策会社——つまり日本の国策の会社で満州国通信社を設立して、里見は初代主幹兼主筆という重役にも就任した。

ここには、UP通信やAP通信関係者も出席していたことから、世界的なメディアとの連携も、ここで行われた可能性があるようだ。

実際この話は、電通のホームページにも書かれている。

国内に戦争の恐怖が広がる中、日本政府は当時の電通と日本新聞聯合社の二大通信社との通信事業を統合して、一つの強力な国営通信社にすることを求めた。結果、電通はニュース配信事業を断念。こうして1936年6月1日には、電通は現在のように広告業の会社（広告代理店）として生まれ変わる。

このとき、国際金融資本の傘下に収まったといわれていて、政府のプロパガンダを打つ広告代理店となったのである。

ちなみに、実はさまざまに暗躍して、世の中を動かしているように見える里見甫も、末端の人間でしかない。**中国の秘密結社と関わりがあるのは、日本の「八咫烏」なのだ。**これは、表の皇室の祭祀《さいし》を担っているのとは別の八咫烏だ。政治や金を動かす、いわば裏の勢力の八咫烏が存在する。彼らがおそらく、里見甫と裏の世界を結びつけているのだ。

明治以降、ロスチャイルド系の勢力も動きだしてはいる。しかし、それと同時に裏の八咫烏が中国と結びついたり、ロスチャイルド系の人間を日本の皇族と結婚させたりという手引きを行っているのである。

▼日本で進んでいた第二のイスラエル計画

1930年代、満州国で「フグ計画」というユダヤ難民の移住計画が進められたことがある。これは、満州にユダヤ難民を移住させ、第二のイスラエルを作るという計画だ。これもまた、満州建国にユダヤが関わっている証左でもある。

なぜそんなことをしようとするのか？ **それは、第二のイスラエルとして、〝戦争の火種〟にしようとしたからである。** そして、ユダヤ人は金融を扱うことに長けているため、その能力を利用する。この二つの目的があり、ユダヤ人を満州国に招き入れて自治区を建設する計画があった。

しかし、当時の日本はドイツとの提携関係にあり、ユダヤ人を満州に招き入れるとまずいという事情があった。そのため、計画は頓挫してしまったのである。

ところで、なぜ〝フグ〟計画だったのか？　このフグとは、いわゆる魚のフグのこと。ますます意味がわかりにくくなるようだが、事は単純だ。

それは、ユダヤ人は迫害されており、ちょっとしたことで暴れ始める。一方でお金稼ぎがうまい……〝毒をもって毒を制す〟ではないが、フグの特徴である「毒を持っているけど食べたらうまい」というところからつけられた名称だった。完璧な差別用語、完全にアウトである。今だったら、国際問題に発展しかねない。そういうことも、戦時中にはあったということである。

▼事実上の一党独裁・自民党の表では語られない創設秘話

昭和通商でアヘン密売に従事し、満州国建設金を調達していた者たち——里見甫、児玉誉士夫《よしお》、岸信介、笹川良一らは、戦後、戦争犯罪人、A級戦犯として巣鴨拘置所に収監された。

ただ、東条英機が絞首刑にさらされた翌日に、なぜか無罪で釈放されている。岸信介に関しては、七三一部隊の情報、そして里見甫らが、満州のアヘンマネーをGHQに提出して無罪になったとの説がある。昭和通商での重要な役割を担っていた人たちであり、七三一部隊のように当時の軍事機密をよく知っていた人たちということもある。「情報を提供するのであれば生かそう」という交換条件だったのだろう。

その後、岸や吉田らは、アメリカのCIAのエージェントとして動いていたとも囁かれているくらいだ。

ここで当時、満州国の日本語新聞「大陸新報」の社長をしていた福家俊一という人物が登場する。彼は岸信介と密談を重ねて、日本に新しい政党を作ろうと準備を開始。そして生まれたのが自民党である。

福家は満州時代、里見甫の情報屋としてアヘン密売組織を摘発。里見のアヘン資金を日本の政界に持ち込むエージェントの役割を担い、岸信介や福田赳夫らの選挙資金を搬出する〝政界仕掛人〟とも呼ばれていた。相当なフィクサーだ。

その福家のフィクサーとしての動きを、アヘンマネーで繋がるアメリカのCIAが支援。そうして今の自民党ができた。だからこそ、今もなお〝アメリカ優位な政策ばかりを決める政治政党〟なのだ。

実際、自民党結成直前の1954年から、結成9年後の1964年まで、アメリカのホワイトハウス、また、アメリカ国務省の反共産主義政策に基づいて、CIAの支援を受けていたことが後に明らかになっている。

CIAは日本に社会党政権が誕生するのを防ぐ目的で、自民党と民社党に資金提

供をし、さらに、選挙活動に向けたアドバイスを行っていたという。しかも、このことはアメリカ政府が「事実である」と認め、実際に日本でも報道されている。

アメリカがこの事実を認めているのは、「社会主義にならなければいい」「そのための大義名分が立っている」という背景があってのことなのだろう。アメリカは、日本だけでなく、ほかの国にも、そういうことを外交として工作する。それは、その国が独裁政権になることを防ぐためと、正当化しようとしているともいえるのだ。

なお、アメリカでは公認である自民党とＣＩＡの繋がりについて、日本政府は否定も肯定もしていない立場だ。七三一部隊についても、完全に否定も肯定もせず、うやむやにしている。否定も肯定もしないのであれば、否定しない限りは肯定として考えてもいいのかもしれない。

▼現代まで続くアイゼンバーグの築いた権力基盤の影響

その後、アイゼンバーグはイスラエルに原発を作る。また、日本の福島原発も、実はアイゼンバーグ社が間接的に統治しているとの話もある。さらに、北朝鮮に核技術を提供したのも、アイゼンバーグといわれている。

反共産主義プロパガンダをやっているのに、北朝鮮を支援している。一つの陣営のみならず、対立する両陣営に関わる――こうした姿勢は、まさに金の流れを生み出す〝戦争屋〟として必要なことであり、関われる〝力〟を持っていることでもある。

改めて考えてみても、アイゼンバーグは表向きには亡命、裏では計画的移住、そして政界への潜入を果たす。これほどの権力を持っている人間が、日本国籍を持っている日本人だったというのは、まさに触れることも恐ろしい〝禁忌〟ではないだろうか！

アイゼンバーグの影響は現代に、世界中に続いている。

日本国内の政治においても、前述の岸信介の流れが安倍晋三や麻生太郎など世襲議員を中心に脈々と続いている。それを変えるのは、相当難しいだろう。資金力においても、世襲においても、層が崩しにくくなっている。変わりようがない。果たして、それは民主主義なのだろうか?

また、海外に目を向ければ、イスラエルを中心に第三次世界大戦が始まる可能性も高まっている。それと連動するように、かつて満州があった地域にユダヤ人自治区を建設し、ユダヤ人を逃がすような計画も噂されている。いうなれば「第二次フグ計画」となろうか……。ただし、この計画を誰が主導しているのかが、わかりにくい。なぜなら、かつてのフグ計画と異なり、いろいろな勢力が関わって複雑な様相を呈しているためだ。

アイゼンバーグの〝殺人株式会社〟も、当然ながらいまだ大きな影響力を持っている。

飲食産業で成功した実業家で、ロシア大統領プーチンとの親密さから〝プーチンのシェフ〟とまで呼ばれた人物がいる。ロシアの民間軍事会社ワグネル創設者エフゲニー・プリゴジン[※1]だ。

彼が2023年8月、ロシア国内で乗っていた小型ジェット機の墜落事故によって亡くなったことで、日本で初めてその存在を知った人も多いのではないだろうか。実はプリゴジンは、過去には強盗や詐欺の罪で9年間刑務所暮らしをしていたり、カジノ経営もしていたりしたという、本物のロシアマフィアなのだ。

そして、ロシアマフィアが、プーチンの背後の権力を支えている。その権力基盤となったのは、アイゼンバーグの殺人株式会社なのである。

彼らはマフィアなので、麻薬も武器も運ぶ。スパイでもあり、暗殺もする。だから、アイゼンバーグは暗殺技術などにも長けていたという。これも引き継がれているのだ。

2021年に、フランスの金融家ベンジャミン・ド・ロスチャイルドが、57歳の若さで亡くなった。彼の死因は心臓発作といわれている。だが、その名前からわか

※1　**エフゲニー・プリゴジン**
ロシアの民間軍事会社・ワグネルの創設者。飲食産業で成功した実業家。「プーチン氏の料理人」の異名を持つ。2014年ウクライナ南部クリミア半島併合や同国東部紛争を機にワグネルを創設した。2023年8月23日にロシア国内で搭乗していた小型ジェット機が墜落し、死亡。

るように、ロスチャイルド家の血を引く人物であり、裏社会の金融エリートの中では最も影響力のある一人に数えられていた。その影響力は政界にも及び、アメリカやロシアでも警戒されていたとの話もある。また、健康上は何の問題も抱えていなかったともいわれる。噂では遺体は誰にも見られていないとも――おわかりだろう、暗殺の可能性も疑われるのだ。

絶対に報道されない北朝鮮建国の秘密

▼意図的に作られた国 北朝鮮

アイゼンバーグによるイスラエルの建国が1948年。同じ年、実は北朝鮮が建国されている。これは偶然ではない。北朝鮮もまた、裏で建国のシナリオが描かれ、そのシナリオを基にイスラエル同様、意図的に作られた国なのである。誰によるものか？　それは……**日本の陸軍中野学校の残党だ。**

当時、太平洋戦争で日本は敗戦濃厚だった。このままでは、日本の領土となっていた満州や朝鮮半島が失われてしまう。北からは共産主義国のソ連が攻めてくる。

攻め込まれては、日本が共産化してしまう……そこで、「ソ連との間に一つ緩衝地帯を作ろう」という案が上がる。

当時の大日本帝国は、〝大アジア主義〟とでもいうのか、「アジアは日本が支配しよう」という考え方でいた。東南アジアの国が欧米に支配されたときに、「かわいそうだから、俺たちが解放してやろう」とでもいうような思想を持っていた。

しかもまもなく敗戦する日本は、これからGHQによって、いわゆるアメリカの植民地として骨抜きになることが見えていた。「それなら緩衝地帯には、日本として肝が据わった国を作ろう」という発想があり、そこで建国されたのが北朝鮮なのである。

当時の日本のスパイ組織はかなり優秀だった。「残地諜者」というが、東南アジアやアメリカなどに、何年も前からスパイをずっと住まわせるようなことを行っていた。現地になじませて、秘密裏にスパイ工作を行う者を何人も送り込んでいる。

その残地諜者の一人である畑中理は、金日成《キムイルソン》を朝鮮の国王に仕立て上げた。そして金正日《キムジョンイル》をバックでサポートし、北朝鮮を指導させる計画を進めた。少し詳しく見てみよう。

北朝鮮の建国者は、歴史的には金日成ということになっている。金日成は神格化されるべき存在として扱われているが、実は、彼の師とされる金策《キムチェク》という人物の名前を冠した施設や場所がかなり多いのだ。

例えば、金策工業総合大学や金策軍官学校（現在は金日成政治大学）などだ。〝実質の建国の父〟と考えている朝鮮の研究者もいるほどだ。

金策はもともと、朝鮮共産党系組織に入った後、中国共産党にも入党し、中国共産党北満省委員会書記としても出世する。金日成とは朝鮮共産党系組織のころから行動を共にしており、満州抗日軍で抗日活動を行い、日本軍に追われ、極東ソ連軍第八十八特別狙撃旅団に編入。

そして、戦後、朝鮮民主主義人民共和国が建国され、金日成が指導者となると、金策は副首相兼産業相として支えた。

おわかりだろう、**金策の正体こそが、日本の陸軍中野学校が朝鮮半島に残した日本陸軍諜報員、畑中理とされている**のだ。

畑中の目的は前述のとおり、戦後にソ連が朝鮮半島に進出し、日本が共産化されることを防止することだ。そこで金日成を捕まえて、うまく仕立て上げて、北朝鮮建国の裏工作をしたのである。抗日軍に入って活動をしていたのも、建国の指導者としての役割を担える、適切な人物を探していたのだろう。

なお、畑中のような残地諜者には、大きく分けると三つのパターンがあるという。

一つは太平洋戦争開始前、あるいは戦時中に普通のスパイとして現地に放り込まれて活動を続けていたが、戦争終結後も現地にとどまり、活動を継続することを選択したスパイ。自ら選択したということであり、つまり、任務に忠実な者だ。「帰って来い」という命令が来るまでは絶対に居続けるという。

二つ目は、日本本国の降伏後に活動することを前提に、陸軍中野学校で訓練を受け、終戦後に送り込まれる人。

三つ目は、戦時中は日本軍の兵士、あるいは日本占領地における民間企業で働いていたけれども、終戦とともに現地にとどまって活動していくことを選択したスパイ。

言うまでもなく畑中理は、一つ目のパターンだ。残党として、スパイ活動に従事していたのである。

▼日本のダミー国家・北朝鮮

北朝鮮建国を巡っては、次のような話もある。

〝金日成国家主席〟は、実は抗日独立戦争の〝英雄４人〟を合体させて作り上げられた、単なる偶像でしかない……というものだ。

つまり、**〝金日成〟になるべき人物は〝誰でもよかった〟**のである。実際に抗日軍には、〝金日成〟という名前を使っている人は何人もいた。だから、肖像画などに描かれている金日成は、偶像の金日成でしかなく、金日成本人ではなくてもよかったということなのだ。

日本でいう西郷隆盛のようなイメージだろうか。世に伝わる西郷の肖像画や銅像は、西郷本人のものではない。実際の見た目はまったく違っていたという。しかし、多くの日本人はあの肖像画こそ西郷隆盛だと思っている。

表に出てくる政治的なトップというのは、戦時中のその時代から、イメージを仕立て上げていく。最近でも、金正恩《キムジョンウン》が表舞台に出てくるたびに顔が変わっていると見られることから、〝金正恩替え玉説〟もあるが、ありうる話なのである。

そもそも北朝鮮自体、日本のダミー国家でしかないという説もある。

金日成が抗日軍に入って活躍していた話そのものは、北朝鮮国内では知られていた。だから、北朝鮮の国民たちも、金日成は日本を相手に抗戦していた伝説の人物として、その噂は聞いていた——「すごい人がいる。どうやら、うちの国のトップになってくれるらしい」という情報が駆け巡った。

そして北朝鮮を建国するときの挨拶で初めて、〝伝説の戦士〟金日成が公の場に姿を現すということになり、ひと目見ようと大変な数の人が集まったという。

その金日成が、大勢の観衆の前に姿を現したとき、そこにいた人たちは「噂で聞いていたより、若いように見える……」と思ったという。

それこそ、噂で聞いていた金日成と、年代も合わないし、見た目も若すぎるということで騒ぎも起きた。ひょっとすると、国民が自分たちの建国の〝伝説の戦士〟として想像していた金日成は、年齢的にも、金策のことだったのかもしれないと考えられる。人々がイメージしていたより10歳ほど若いという話もあった。金日成は1912年生まれで、金策が1903年生まれ。金策のほうがしっくりくるのだ。

金日成とされる人物はそもそも朝鮮半島にほとんどの期間いなかった。彼はソ連に亡命していたのだから。

付け加えるなら、金日成のモデルとなる〝英雄4人〟は、基本的には戦闘中に死んだり、暗殺されたりしてこの世にいなかったことから、共産党の若手幹部の中でも特に弁の立つ、〝金一星〟というまったくの別人に当時のソ連が目をつけて、ソ連国内で訓練を積ませ、抗日パルチザンとして名をはせた金日成を名乗らせたという話まである。弁の立つ金一星の素質に近くにいた金策＝畑中理が目をつけ、裏工作をした末に金王朝が誕生したのかもしれない。

さらに、金日成が〝作られた人物〟であることを物語るエピソードがある。金日成は朝鮮人民革命軍で活躍したといわれているのだが……そのような軍隊組織は、そもそも存在しないようなのだ。

ソ連において、金日成が極東ソ連軍第八十八特別狙撃旅団の一隊長だったときの上官に、ワシリー・イワノフ極東軍大尉という人物がいる。彼はなんと、「朝鮮人民革命軍などそもそも〝存在していない〟。存在しなかった軍隊に、金日成は命令することができただろうか」と証言している。

しかも、1945年8月9日、日本が統治していた朝鮮半島に、日ソ中立条約を破棄して侵略してきたのはソ連極東軍だったが、金日成はこの侵略にも〝参加していない〟という。

金日成は「戦闘に参加させてほしい」と懇願したが、イワノフ極東軍大尉は、この懇願を却下した。なぜなら、「彼は戦闘の役に立たない」と考えたからだというのだ。

だから、全部〝作り話〟なのである！

▼日本のアメリカへの復讐が成功した⁉

1945年8月、アメリカによって広島と長崎に原爆が投下され、日本はそれを機に終戦を迎えた。もし、次の戦争が起これば、それは核戦争から始まるかもしれない。

そこで畑中理は、北朝鮮建国に際し、〝北朝鮮に真実の日本を作る〟と宣言した。

「アメリカの占領下に入った日本はダメになる。精神を失った国家になるだろう。だから、この北朝鮮に精神を持った軍隊を作るんだ」と。

日本も実は原爆を製造していたのだが、先に原爆を落とされてしまった。そのようなこともあり、日本で原爆を作ることは難しい――それならば、〝真実の日本〟である北朝鮮で製造すればいい、という思考をたどったようなのだ。

都合のいいことに、北朝鮮はウランが豊富な国だ。北朝鮮は積極的に外国と接することがないため、鎖国寄りの国に思えるかもしれない。だが実際は、資源が豊富なことを生かし、ウランなどの原子力に使用する物質を、ドイツなどと貿易をしているのだ。

北朝鮮の鴨緑江という川には、世界最大級といわれたダムがある。このダムは、日韓併合時に朝鮮窒素肥料という企業が主に費用を負担して、西松建設、東芝などとともに発電機を作っている。つまり、日本がからんでいるのだ。そこは日本が原爆の製造を研究するには問題ない環境だった。だから、日本から原発技術者が朝鮮半島に渡って、戦中から戦後にかけて秘密裏に研究を行っていたという。これはまさに、北朝鮮と核と日本が結びつく禁忌にほかならない。

こうした動きを追っていくとわかるだろう。日本のアメリカへの復讐の意思を。**復讐のため、北朝鮮というダミー国家を建設し、その地で原爆を研究・製造してきたのではないか。**

その復讐は果たされたのか。その分岐点となったのが、ベトナム戦争である。ベトナム戦争は、南ベトナムと北ベトナムの争いだったが、それは自由主義と共産主義との戦いでもあった。簡単にいえば、社会主義側の北ベトナムが、自由主義の南ベトナムに攻め込んだという構図である。

フランスとアメリカが南ベトナムを支援したが、「南ベトナム解放民族戦線」といわれるゲリラ部隊が活躍して、ベトナムは社会主義国家になった。この戦争は、「アメリカが唯一負けた戦争」とも呼ばれている。加えて、**日本軍がアメリカと戦うための、もう一つの戦争だったのではないかともいわれている**のだ。

ベトナムは第二次世界大戦以前、フランスに植民地として支配されていた。そして終戦後、独立しようとするベトナムに対して、再びフランスが支配しようと試みる。それが、第一次インドシナ戦争だ。

この戦争でベトナムは、南ベトナムと北ベトナムに分断される。1960年、〝南北統一〟を旗印に南北ベトナムとの間で第二次インドシナ戦争、いわゆるベトナム戦争が勃発する。当時、半分しか植民地を取り返せなかったフランスなどの軍産複合体が、再びベトナムを植民地化できることを期待して、仕掛けた戦争だといわれる。ここにアメリカが介入してきて、フランスを支援する構図ができた。

当時、ベトナムや東南アジア全土には日本の残留スパイがいた。そこにまたアメリカが来たのだ。これは念願のアメリカへの敗戦報復のチャンスかもしれない――

日本のスパイの残党らが立ち上がり、北ベトナム側につくのだ。

ただし、そのスパイたちにとっては、ベトナムの未来はどうでもいいことだった。自分たちの復讐を果たせればいいという考えだったのだろう。

彼らは、アジア全土にスパイのネットワークを持っている。そこを通じて、情報収集や物資のやり取りを行いながら、北ベトナム軍の中に潜り込み、軍を訓練・指揮して、アメリカと戦ったという。

さらに、北朝鮮から傭兵を北ベトナムに派遣していたことが、後に明らかになる。この事実を2000年ごろに北朝鮮側は認めたのだ。北朝鮮が社会主義側の北ベトナムに対して行った軍事援助の一つだ。そもそも北朝鮮は、ベトナム戦争には何も関係がないはずなのに……。

しかし、ここまでお読みいただいたあなたなら、納得するだろう。北朝鮮は日本が建国している国だから、アメリカへの復讐のチャンスに動いたのだ。

結果として、アメリカをベトナムから、見事追い出すことに成功した。アメリカはこのとき、ベトコンという名の〝大日本帝国陸軍の残党〟と戦い、約30年越しに報復されたのである。

▼パラレルワールド大日本帝国

北朝鮮は日本でもさんざんニュースになる国であり、日本とかなり近い位置にある国であるにもかかわらず、謎に包まれた国だ。渡航も容易ではなく、内情もわからない。だが、日本人によって建国されたという視点に立つと、その根幹が見えてくる。

例えば、金日成の政策や行動は、「日本の天皇制を模範にしている」ともいわれている。具体的には、軍隊の統帥権だ。これは戦前・戦中の昭和天皇を模範としているような形になっている。また、唯一体制であり、絶対権力の世襲制として、直系男子にその地位を譲るという点。特に世襲制に関しては、金正日から金正恩への譲位の際に、中国から「共産主義に世襲制はなじまない」とクレームがついていたこともある。当時から、天皇制のようなスタイルを引き継いでいるのである。

当時の日本の国家神道も、ロスチャイルド家などの支配によるものが根づいてはいたが、「それこそが日本の理想だ」と教育されている人たちがスパイをやっていた。そういう人にとっての〝理想の国家像〟の思いが込められているのが北朝鮮なのだ。だから、北朝鮮でいまだに、我が国から見れば古く見える慣習が引き継がれているのは、「天皇万歳」と言っていた人たちが作り、それを受け継いでいるからなのである。極端な表現をすれば、日本が戦争で原爆を落とされず、アメリカの支配を受けず、そのままの軍国体制を続けていったパラレルワールド。ある意味**「アナザー・ジャパン」、もう一つの日本なのだ。**現代に続く大日本帝国、それが北朝鮮なのだろう。

世界のシナリオはどのように〝降りてくる〟のか

▼ビルダーバーグ会議の上にある〝評議会〟

ここまでは〝過去〟の政治の禁忌を見てきた。次は、ある意味対比的なイメージで〝世界のシナリオ〟がどのように決定されているのかに注目していこう。

〝世界のシナリオ〟……この言葉を聞いて、「ダボス会議」を頭に浮かべる方も多いのではないだろうか。

ダボス会議は「世界経済フォーラム（WEF）年次総会」の通称で、今から50年以上前の1971年にスイスの経済学者クラウス・シュワブによって創設された集まりだ。幅広い分野のビジネスリーダー、政府・国際機関のリーダー、メディアリーダー、著名な学者など各国の要人が参加して各種会合などが行われる。

日本ではほとんど情報が出回っていないのだが、ダボス会議を裏で支配する「ピルグリムズ・ソサイエティ（英国巡礼者協会）」という組織がある。1902年にジャーナリストで後に政治家となるハリー・ブリテン卿によって設立されたこの協会の目的は「英米関係を緊密にする」ことであり、英米両国のエリートたちが集まる場として機能してきた。ロンドンとニューヨークにそれぞれ支部が設立され、歴代の駐英国大使を歓迎する晩餐会《ばんさん》が開催されている。協会は、英米の一流銀行や製造業界との協力を通じて、両国の関係を強化する役割を果たしてきたのである。

ダボス会議とピルグリムズ・ソサイエティの繋がりだが、クラウス・シュワブがハーバード大学ケネディ・スクールで学んでいた1960代後半に遡る。当時、シュワブはピルグリムズ・ソサイエティの中核メンバーであるヘンリー・キッシンジャーの指導を受け、1971年にWEFを設立した。初回のWEFの基調講演者には、ピルグリムズ・ソサイエティの影響力が強く関与していたオットー・フォン・ハプスブルクが選ばれている。なお、ヘンリー・キッシンジャーは2007年～2009年にピルグリムズ・ソサイエティの副会長を務めている。

ピルグリムズ・ソサイエティは、王族、貴族、歴代の英米大使、国務長官、財務長官など、英米のエリート層によって構成されている。その中でも特に著名なメンバーとしては、アメリカの元国務長官であり、マンハッタンプロジェクトの原爆開発責任者であったヘンリー・スティムソンが挙げられる。さらに、ロックフェラー家やロスチャイルド家の代理人も協会に属しており、これらのエリートたちが協会の活動を支えてきたのである。

また、過去に副会長を務めたチャウンシー・M・デピューはイェール大学スカル・アンド・ボーンズ出身である。

ピルグリムズ・ソサイエティは、表向きはディナークラブとして活動しているが、実際には英米間の特別な関係を推進するためのエリートネットワークとして機能しているのである。

さて、ダボス会議で決められるシナリオとは、例えば、グレートリセットやSDGsなどの世界の指針である。

だが、これはあくまで〝表向きのシナリオ会議〟である。

ダボス会議の方向性を決める〝裏の会議〟が存在している。それが〝陰のサミット〟ビルダーバーグ会議だ。ここで世界の指針や経済、今後の課題などについて、世界の代表者が集まり話し合われているというのだ……しかし！　ビルダーバーグ会議もまた、末端である。その上がいくつもあるのだ。

これは本当に、都市伝説の域を出ない話だが――頂点には、「十三人評議会」というものがあるというのだ。

この十三人評議会をトップとし、その下に「三十三人評議会」、さらに下にイギリスのMI6の元諜報員だったジョン・コールマンという人物が、暴露して有名になった「三百人委員会」。そして、ようやくビルダーバーグ会議である。

ただし、三百人委員会のトップは、2022年に亡くなったイギリスのエリザベス女王だったという話もあり、「現在は三百人委員会そのものも存在しない」という説も囁かれている。この手の情報は1980年代から、ほとんど変わっていないので、大きな変化は起きていないのだろう。

十三人評議会や三百人委員会のような本物の貴族の意思決定組織のほかにも、ブナイ・ブリスというものもある。これはいわゆるユダヤ人を次々にイスラエルに送って、戦争の火種を作り、ユダヤ人至上主義をたきつけるようなシオニズム系の結社もしくは組織である。

ここまで見てきた組織が、いわゆる〝イルミナティ〟と総称されている。

だから、イルミナティという組織自体は、かなり曖昧で見えにくいものになっている。明確ではないので、イルミナティ的思想を持っている人たちが、ビルダーバーグ会議などを行っているともいえるのである。

▼ビルダーバーグでコンセプトを作り、シンクタンクが実行を計画する

ビルダーバーグ会議では、メディア界の重鎮や軍事企業の重役、貴族たちが集まって、今後の方針や目標を決定する。実際は、頂点の十三人評議会から順次、指針・議題が降りてくる。

このとき、例えば、「全人類をボタン一つで識別したり管理したりできるようなシステムを作る」と決めるとしよう。それをどうやって作り、浸透させるのか？そこから先は、ビルダーバーグ会議の役割ではない。**あくまでもコンセプトを決めるところまでが、ビルダーバーグ会議の役割なのだ。**

そのコンセプトをどのようにシステムとして構築し、実現していくのか。より専門的なところに関しては、ランド研究所※2やタビストック人間関係研究所※3などの、いわゆるシンクタンクと呼ばれているところに降ろす。そこでは「こういう案件ならどのようにマインドコントロールすればいいのか」「こうやって大衆の心理を操作していきましょう」と詰められていき、専門の関連企業に降りていく。

「論文を作る必要がある」となれば、ローマクラブ※4のような環境問題を扱うようなところに降ろす。「地球環境が悪化しているのは、人口が増えすぎたせいだ」とコンセプトに沿う論理で書かせるのだ。

それを基に、〝正当化して〟、「環境問題を守るための世界的な運動を作っていきましょう」と国連に働きかけて巻き込み、メディアを通して民衆に伝えていく。

さらに関連企業が、環境問題は基本的にイメージアップと収益アップに繋がるので推進していく。こうして大衆は、搾取されていく。

ここまで、何を例にして述べていたのか、あえて明言は避けるが、あなたもそこに望むと望まざるとにかかわらず参加させられているような状態になっていたり、

※2 ランド研究所
アメリカの防衛・安全保障分野における代表的なシンクタンク。防衛および国家安全保障分野において、世界で最も影響力のあるシンクタンクである。

※3 タビストック人間関係研究所
1947年にアメリカの人間関係論の影響を受けてロンドンに設立された民間コンサルティング会社。イルミナティの奥の院「三百人委員会」の存在を暴露した、MI6の元諜報員ジョン・コールマンによれば、その実態はイギリス王室とロスチャイルド家が設立資金を提供

そうでなくてもやたらと目や耳に触れたりしているのではないだろうか。

▼大衆への刷り込みは芸術や音楽、スピリチュアルから始まる

ビルダーバーグ会議で決まった指針を大衆に刷り込むための強力な方法がある。それは、**芸術や音楽**だ。例えば、薬物を流行らせたいのであれば、「薬物を使用してインスピレーションを掻き立てられた」というアーティストを人気者に仕立てれば簡単だ。かつて、ある種の洗脳ソングであるビートルズの音楽が流行った時代も、まずはアメリカから実験されてきた。それ以降もヒップホップに代表されるように、アメリカの大衆を退廃させ、骨抜きにして政治に関心を持たないようにする方策が取られてきたのだ。

その結果、現在のアメリカでは、フェンタニル[※5]のようなとても低品質な薬物が蔓延するような状況になっている。

し、ロックフェラー家が１９２２年に設立した、あらゆる物事に対してのプロパガンダを目的とした機関であり、そのための大衆洗脳の技術の研究を行っているという。

※4　ローマクラブ
イタリアの実業家・知識人ペッチェイを中心に「地球の有限性」に問題意識を持つ世界各国の知識人が集まって結成された国際的な未来研究団体。１９６８年にローマで初会合を開いたことから、この名で呼ばれる。

※5　フェンタニル
がん患者の苦痛緩和の

大麻合法化の流れも、ヒップホップ系のラッパーなど大麻推進の音楽を使いながら刷り込んでいく。それが今では世界的なムーブメントになっている――これこそが実はシナリオどおりになっているのである。

ちなみに、フェンタニルの流行には、アフガニスタン紛争の終戦とCIAが関係しているという説もある。

方針を実行していく方法として、ほかには「ニューエイジ運動」などもある。

〃スピリチュアルによる解放〃ともいうのだが、ニューエイジを広めた人々は、トランセンデンタリズムを信仰していることが多い。「精神を拡大するには集団瞑想《めいそう》をしましょう」「薬物で意識を解放しましょう」そのような主張に大衆が熱狂した。その修行や鍛錬は積まず、手っ取り早くLSDで意識的な精神世界を見るのだ。そのやりやすさ、とっかかりやすさで、大衆をどんどん骨抜きにしていくのである。

ために開発された鎮痛薬。医療用麻薬の中でも最も強力で、アメリカではフェンタニルを含む薬物の過剰摂取により、交通事故や銃暴力よりも多くの命が奪われている。手術時の全身麻酔などに使われてきた。

▼国を持っていないからこそできる権力者の横暴

こうした指針の標的は日本人であり、日本からまず行われがちなイメージもあるかもしれない。しかし、実際はそうではない。先のビートルズの例のように、考えうることは基本的にはアメリカを中心に進められ、それが日本に降りてきているだけの話ではあるのだ。

アメリカ人が実験台のように使われているのが意外に思われるかもしれないが、まずは自国の民衆から試してみるのが定石のようだ。

確かに、歴史的に上に立っている人間はイギリス系であることも多く、そうでないとしても「アメリカ国民はどうなってもいい」と考えるような人たちが、アメリカ政府の中枢にいるということもある。

そして実験をして、自分たちに利益があり、データがとれて結果さえ得られれば、あとはどんな害があろうがどうでもいいのだろう。

現代を生きるわれわれは、つい〝国〟という枠組みに当てはめて考えてしまいがちだ。だが、世界の方針を決める人々というのは、国も地域も関係ない人たち――国境を超えた世界的な勢力、ということでもあるのだ。

〝ユダヤの陰謀〟などという言葉も広く知られているが、彼らは国を持っていない。そういう人たちだからこそ、大胆な大衆操作ができるのである。

ユダヤ人はいつの時代も迫害を受けては移り住み、そこでまた迫害を受けて……という歴史を歩んできた。彼らには、生きる術として金融業しか残されていなかった。ほかの仕事が法律では禁止される一方、金融業はキリスト教において汚い仕事と見られていたためだ。

だが、そこにユダヤ人の適性があった。そうするしか生きる術がないのなら、徹底的に強くなる。金儲けの術を磨き、熟達し、才能を発揮する。貴族階級の金貸しをして財を成す。ロスチャイルド家が、まさにそうだった。ローマ帝国などの貴族に寄り添い、その国に寄生し、そして甘い蜜を吸っていたのだ。

そうなると、彼らも〝なるべくしてなってしまった〟というのが正直なところだろう。故に完全悪とも言い切れない。ユダヤ人の仕事を限定するような法律があったせいというのが大きいのだろう。そこで努力をし、適応しただけだ。

それが世の中をひっくり返してしまうまでになったことは、因果であり結果論だ。

もともとユダヤ人自治区は、下水道の整備もされていないような衛生環境が悪い場所だった。スラムのようなところに住まわされていた人たちだ。「ここから這い上がってやろう」という怒りや憎しみがものすごい力を生んだことは想像できる。

そんな中から世界有数の富豪一族であるロスチャイルド家が生まれているというのは、なかなか面白い。

そして――いつの時代も支配階級のトップは腐る！

▼闇の権力のルーツはキリスト存命中まで遡る

十三人評議会が一番上、そこから降りてビルダーバーグ会議にたどり着くという構造を紹介したが、これはあくまで〝わかっている範囲では〟ということだ。

実は、十三人評議会の上に、本章で触れたアイゼンバーグ家などがいる……というのだ。会議としてのあり方では、十三人評議会がトップだとはいわれているが、実態は違うかもしれない。

もしくは、**現存しているのかどうか定かではないのだが、「サンヘドリン」と呼ばれている会議もある。**キリストがまだ生きていた時代にあった、ユダヤ教のトップの会議だ。そのサンヘドリンが、ひょっとすると十三人評議会の上にあるかもしれないという話もある。

情報は非常に少なく、点と点を繋ぎ合わせて考察するしかないのだが、十三人評議会から降りてくる構図のルーツは、サンヘドリンにあると思っている。

まだキリストが生きていた時代のユダヤ教トップ・サンヘドリン。彼らはお布施を中心に金儲けを始め、ユダヤ教が腐敗していったようなのだ。キリストは、これを批判したために磔刑に処されたという話もある。

そのサンヘドリンにいた人たちは、最終的にはローマ帝国などの勢力に滅ぼされた。その後、いわゆる〝黒い貴族〟と呼ばれるようになり、地中海、フェニキアなどを通り、〝ローマ帝国の地下〟といわれる目の届かないところで、生き延びていたようなのだ。

そして、時が流れる中で、彼らが再び顔を出してきて、ロスチャイルド家のような存在をどんどん束ね始めたという。

なお、アイゼンバーグ家も、サンヘドリンの一つだ。

ほかにも、世の中の郵便業やスパイ系のこともやっていたタクシス家、カナダ系のマフィアの一族ブロンフマン家、ドイツのイルミナティをロスチャイルド家に作らせたといわれているヘッセン家なども存在するようだ。

さらに、超古代メイソンと呼ばれるような来歴がかなり古い人たちもいる。

例えば、ファルネーゼ家やブレイクスピアー家、ボルジア家など。ファルネーゼ家についていえば、アメリカ国防総省の形状がペンタゴン＝五角形になっているのだが、ファルネーゼ家の城・ファルネーゼ城が由来であるといわれる。つまり、「超古代メイソンが国防総省を作っているのではないか」と想像できるのである。

もう一つ付け加えれば、ファルネーゼ家はイエズス会を作った人たちともいわれている。

つまり、われわれの想像が及ばないぐらい、想像を絶する地位を持つ危ない勢力なのだ。ある意味、資本主義的な利権の中ではかなり上位にいるようなロスチャイルド家、ロックフェラー家がかわいく思えてくるような、それでいて聞いたことのないような存在が、まだまだ闇に潜んでいるのである。

結局、ロスチャイルド家すらも、金を借りて活動している存在だ。そのお金をどこから借りているかといったら、スイスだ。スイスには、世界の銀行のトップといわれている、富裕層向けの銀行をやっている一族シェルバーン家がおり、彼らからお金を借りているという。

まとめよう。

便宜上ではスイスをトップとした、それこそアイゼンバーグら〝十二血族〟がスイスにいる。そこから、お金が〝十三血流〟といわれているロスチャイルド家やロックフェラー家、ケネディ家、ラッセル家、ダビデ家などに流れていく。彼らは、その資金を使って世の中に謀略を起こす。そのマネーが、また〝十二血族〟に献上されているのだ。

つまり、お金の流れ、プランの流れ、そしてビルダーバーグのような実行機関があり、これが世界を動かしている構図なのである。

最後に余談ながら……世界を動かす話で、フリーメイソン陰謀論についての見解も残しておこう。

フリーメイソンのトップである三十三階級の人は、実は世の中に大勢いる。しかも、陰謀に関係している人はほとんどいないのだ。それは、ここまで本章を読んでもらったらわかるだろう。

つまり、〝その上〟がいるからだ。あくまでも、陰謀を企てるレベルの人間から方針を与えられているだけなのである。

特に陰謀論に関わっていたのは、明治維新のときに関与した人物、軍人、政治家などの一部の人間のみしか、フリーメイソンの中にはいなかった。

フリーメイソンというのは、あくまで一つの箱であって、その中にはさまざまなネットワークが存在している。その中枢が、世界を支配する者たちに乗っ取られているというのが正しい見方なのである。

第7章

秘密結社

知ってはいけない時空を
超越する超権力の正体

都市伝説の定番フリーメイソン、イルミナティの本当の姿と誰も触れないタブー

▼イルミナティは一つではない

本書における「禁禁禁（タブー）」の深淵の最終章では、一層深く、光の届かない世界を探る。その名を聞いただけで「これに突っ込んでいくことはタブーだろう」と容易に想像がつく、闇を染める闇の存在――秘密結社イルミナティである。そして、**そのイルミナティとは……一つではない！**

複数あるイルミナティのうち、一番よく知られているのが、1776年にドイツ

の法学者で哲学者アダム・ヴァイスハウプトが創設したバイエルン・イルミナティだ。バイエルン・イルミナティ＝イルミナティと思っている人も多いだろう。

この組織は、1785年に消滅している。しかしその後、〝イルミナティ〟という実態を掴めないようにするために、「さまざまな看板組織を通して、世界情勢を背後から操作している」といわれている。

それこそが前章で見てきた、ビルダーバーグ会議やローマクラブだ。また、三極委員会、シュライナー、フェビアン協会、薔薇十字団などの組織の裏にも存在しているという。

みなさんもよく知る組織としては、国際連合もそうだ。国連自体が、世界統一政府のモデルになっているという話もある。

「イルミナティ」という名前自体は〝光を伝授されたもの〟や〝啓蒙されたもの〟を意味している。この名称が頻繁に使われるようになったのは、実は1717年以降といわれている。つまり、バイエルン・イルミナティの成立より前に「イルミナティ」という名称は使われていたのである。

例えば、ストックホルム・イルミナティ。スウェーデンの千里眼能力者として知られるエマヌエル・スウェーデンボルグという人物の教義を枢軸とする、「スウェーデン儀礼メイソン（スウェーデンボルグ・フリーメイソン）」という組織が、1773年に設立されている。スウェーデンのフリーメイソンなのだが、別名がストックホルム・イルミナティなのだ。

一方、イルミナティはフランスにも流れ込んでいく。1760年にはアヴィニョン・イルミナティがパリにて創始。マルキ・ド・ピセイユ、マルキ・ド・テーム、フランツ・メスメルという、いわゆる魔術者たちが立ち上げた（彼ら3人だけでなく、創始者はほかにもいる説もある）。

そしてようやく、ドイツでバイエルン・イルミナティができたのである。

では、イルミナティとしては決して古参ではないバイエルン・イルミナティが、なぜ一番知られているのだろうか。その理由は、「世界的に大きな影響を与えたからだ」といわれている。

バイエルン・イルミナティが結成されてから6年後の1782年、ドイツのヴィルヘルムスバートで世界フリーメイソン大会議というものが開催された。そこで、ドイツのフリーメイソンとの合同本部がフランクフルトに置かれた。

このとき、世界財閥であるロスチャイルド家やほかのユダヤ資本がそこに動員されたという――つまり、「イルミナティがユダヤ権力に実質乗っ取られた」といわれているのだ。

これを機に、バイエルン・イルミナティ以降、イルミナティはとてつもない力を持ち始めたと囁かれだすのだ。

なお、「〝超人〟を作るための高度な知恵を伝授する」ことを「イルミニズム」という。これは、人類を次のステップへと解放していこうという思想だが、イルミニズムの真の目的は〝世界征服〟だったという。

世界征服を実現するために、政界の人間だけでなく、多くの文化人、芸術家、知識人などを、イルミナティに加入させて、あらゆる方面の知識で、世の中を支配する方法を企んでいた。その裏付けに、あの文豪ゲーテなども、イルミナティの会員だったといわれているのである。

▼「グレートリセット」の根本に隠れたイルミナティ思想

イルミナティによる〝世界征服〟とは、あらゆる国家の破壊、あらゆる宗教の破壊を意味している。特に宗教においては、カトリックの撲滅が重要な目標だ。

また、教育や家族の破壊などのカオスを通して、統一世界政府という名の新しい世界秩序を推進するという、極めて過激な世界革命思想に変わっていき、極秘活動を展開し始めた。

その実験国として選ばれたのがフランスだといわれている。

フランスは、18世紀に最もカトリック信仰が篤かった国だ。だからこそ、まずフランスにおいて、カトリックの破壊を試みたわけなのだ。

イルミナティ会員同士の合言葉は、「オルド・アブ・カオ（Ordo ab Chao）＝混沌からの秩序」である。いろいろなものを破壊して、その後、自分たちの都合のよい権力を推進していくということだ。

そう聞いて、現代のコロナ・パンデミックのことが想起されないだろうか？　まさに、この疫病は同じやり方である！

常識となっていること、今まであった体制を壊して、新しい秩序を推進する。このやり方は、今も昔も変わっていないのである。ダボス会議では「グレートリセット」[※1]が提唱されている。まさに1回リセットして、新しいものを推進する——イルミナティの根底にある「オルド・アブ・カオ」そのものなのである。

かつては、フランスを実験国としていたが、すでにその〝実験〟は全世界に広がっているのだ。

※1　**グレートリセット**
2021年5月に開催予定だったダボス会議のテーマとして掲げられてから、注目を集めている。現在の金融や社会経済などのシステムを、一度すべてリセットすること。

▼偶然判明したイルミナティの革命計画

ちなみに、**実験国フランスでイルミナティが起こした「フランス革命計画」が事前に漏れ出た事件があった。**それが1785年のことだ。

ランツという名前のイルミナティ工作員がいた。彼は悪天候の中、フランクフルトからパリに向けて馬を走らせていた。ちょうどバイエルンに差し掛かったところで、落雷によってランツは即死した。遺体からは、ドイツのイルミナティ大ロッジから、パリの大ロッジにいるイルミナティ、マクシミリアン・ロベスピエールという人物に宛てた極秘書簡が見つかった。

そこには、〝まだ起きていない〟フランス革命、および王政、諸宗教、ユダヤ教以外のカトリックなどの撤廃の大計画が書かれていたのである。

事の重大さに驚いたバイエルン警察は、イルミナティ本部を急襲し、ヴァイスハウプトの文書をすべて没収した。

「社会において致命傷となるべき世界革命を行うことが、われわれの目的である。この革命は秘密結社の仕事になるであろう。われわれの大いなる奥義はここにある」と記された、イルミナティが世界支配を目論んでいることの証拠を握ったのである。

ロベスピエールはフランス革命期の最も有力な政治家であり、代表的な革命家。そんな彼はイルミナティのメンバーであり、彼による恐怖政治もイルミナティによる革命計画に則って実行されたのだ！

とはいえ、4年後の1789年にフランス革命はイルミナティの計画どおりに勃発。9時間のうちに、1200人あまりのカトリック教徒が首をはねられて打倒された王政の代わりに、ロベスピエールによる恐怖政治が一時的に国を支配することになったのである。

実に驚くべき話ではないか。工作員が落雷で死に、そこからイルミナティの陰謀が流出した。まさに神の計らいとでもいうような出来事だ。

革命以前のフランスはルイ16世が統治していたが、長らく国のトップが不在という状況が続き、一時的にロベスピエールが暫定的なトップを務めた。恐怖政治によって反革命思想を持つ人物や怪しい人物をとにかく片っ端から処刑し、挙げ句の果てには自身も処刑されてしまった。

ロベスピエールこそイルミナティのモットーである「混沌からの秩序」を体現した人物であり、その後誰もが支持した独裁者といわれたナポレオンが台頭するまでフランスは混沌とした状況に陥っていたのだ。

なお、フランス革命はあらゆる親書や書物を通じて改宗へと洗脳していった歴史があり、別名「ペン革命」と呼ばれた。結集したさまざまな専門家が握ったペンによって、世の中の常識が書き換えられたのだ。この時代を契機に、大学が世に根付き、現代まで続く〝常識〟の刷り込みが進んでいった。

また、バイエルン警察を通じた政府の鎮圧によって、国外に逃れたヴァイスハウプトは、スイスやロンドンに拠点を設けて、イギリスのメイソンを飲み込む計画も立てていたという。

この目的を遂げるため、エディンバラ大学自然哲学教授で、イギリス学士院会員であるメイソンのジョン・ロビソンを助手に雇い、計画書の保管を委ねる。だが、ロビソンは一枚上手だった。

すでにイルミナティの危険性を知っていたロビソンは、熱心な助手と見せかけ、イルミナティの謀略をできる限り吸収。すべての宗教と国家を滅ぼす陰謀の証明という、その後２００年間世界で読み継がれることになる本を命がけで書き上げた。

イルミナティのフリをしながら書いた暴露本『Proofs of a Conspiracy』によって、イルミナティ陰謀論というのが１７９７年に世の中に出て、広まったのである。

翌１７９８年には、フランスのイエズス会士アベ・バリュエルが、『ジャコバン党の歴史・覚書』という、４巻に及ぶイルミナティ告発書を書き上げた。このジャコバン党というのが、フランス革命期にイルミナティが使った、もう一つの名前だという。ジャコバン党、要するにヤコブ党、ジェイコブ党ということだ。

ジェイコブは、キリスト教の名前のようで、実はゴリゴリのユダヤ教がルーツの名前だ。しかも、ヤコブの名前には、「人を出し抜く」「完全に欺く」というような意味合いがある。

▼フリーメイソンの誤解はなぜ広まってしまったのか？

バイエルン・イルミナティについては、こんな説もある。

アダム・ヴァイスハウプトが自ら創設したのではなく、ドイツのヘッセン家のような、ロスチャイルド家よりも上の十二血族が作らせたのではないか、という説だ。「ヴァイスハウプトは、ヘッセン家のエージェントだった」と囁かれている。彼はイエズス会系の大学で、イエズス会の教授だが、アンチ・イエズスを教えていた。

そして、イエズス会の敵を生み出し、イエズス会と戦わせるような火付け役だったと考えられている。本人はイエズス会系なのに、なぜかイエズス会を否定するような党を立ち上げたのである。それこそが、イルミナティだ。つまり、イルミナティは、そういう宗教的な権力から生まれたようなのである。

ヘッセン家がイルミナティを作らせて、ロスチャイルド家がそこに資金提供する——ヘッセン家とロスチャイルド家は金で繋がっている関係なのだ。

バイエルン・イルミナティは、すでに存在していたフリーメイソンを覆ってしまう。フリーメイソンの人間も引き連れて、会員に入れるのだ。

そこからフリーメイソンの内部にイルミナティが入り込み、フリーメイソンの中にイルミナティがある構図になっていく。次第にフリーメイソンがイルミナティの思想に飲み込まれ、おかしくなっていくのである。

そこから一部の人間たちのネットワークの中で、陰謀が働いているために、「フリーメイソンは〝完全悪〟」「世の中を支配している結社ではないか」という都市伝説が囁かれだす。

確かに世界的な事件を起こしている人が大体フリーメイソンの会員という事例も数多くある。そうなると、やはりどうしてもフリーメイソンは、陰謀を企む秘密結社ではないかという誤解が生まれるのだ。

「誤解を解くような発信をすればいい」と思われるかもしれない。しかし、秘密結社なので、〝外には言わない、漏らさない〟、そうした制約・契約がある。陰謀を働かせやすいという点はあるのだ。秘密結社にはそういう掟があるもの。「外に漏らしたときは、死ぬときだ」という契約を結んで入るので、誤解が解けずに噂が駆け巡ってしまうのである。

一般的な話ではないが、「フランス革命によってフリーメイソンが今のフランスを作った」という話はある。しかし、前述してきたように、その実態はイルミナティが乗っ取って起こした革命だった。これもまさに、フリーメイソンの誤解だ。

アメリカの建国も同様である。建国自体は1776年のこと。これはちょうどイルミナティができた年だ。さらに、フランスからアメリカに、自由の女神が渡っている。あれがまさに、イルミナティの象徴でもある。大いに関係しているといえるだろう。

要するに、イルミナティは、バイエルン政府の鎮圧によって地下に潜り、消滅したとされている。**その思想を持った人間たちは、あらゆるところに広がっているネットワークによって、いろいろな組織を作り、すでに結合していたメイソンを通して、世界を動かしていた。**メイソンは使いやすい〝隠れ蓑〟になっていったのである。

彼らは、「混沌からの秩序」を合言葉にしていた。第一次世界大戦という混沌から、国際連盟という新世界秩序が誕生していることも忘れてはいけない。これもフランス革命をはじめとする国建て替えや建国と同じやり方だ。

大雑把にいえば、世界を牛耳ろう、何か動かそうとするのは、詰まるところ、イルミナティの思想を持った人々であるということだ。テクノロジーにおいて人類を管理して、自分たちの都合のよい世界秩序を作ろうとしている。そういう思想を持った人たちがやっているということである。もちろん、その〝上の存在〟はあるにせよ、だが……。

単純化して述べれば、前章でも見たように、現在もそういう人たちがダボス会議などに話を降ろしていき、何らかのムーブメントを作ろうとしている。

世の中を動かしているのは、実体のない〝思想〟であり、それが今日では〝グローバリズム〟という名前に変わっている。日本だと、製薬会社や軍事企業などが、グローバリズムとして、お金儲けのためには手段を選ばず、その目的を推し進めている。イルミナティも目的のためには手段を選ばない。構図はまったく一緒である——理想とする世界の実現と、その手段を選ばないことはセットなのだ。

グローバリズムというのも、国境を越えた儲け方を目論む方法の一つにすぎない。国境をなくし、あらゆるところから資金を集める。これこそまさに、黒幕的立場のユダヤ人が考えそうなことだ。

そういう実態を知ったり、見たりした人たちは、どんどん暗殺されていく。かのダイアナ妃[※2]も、その一人ともいわれている。

彼らは、〝世界政府〟による新世界秩序を企む一方、〝黒魔術〟的なことをごく当然のこととして行う。そうした儀式のようなものをダイアナ妃は見てしまったがために、殺されたのだ、と。

彼女を殺害したのは、ヨーロッパでも最も歴史ある王家の一つ、サヴォイ家ではないかと噂されている。サヴォイはイルミナティの思想を持ち、ロスチャイルド家やロックフェラー家より上にいる、暗殺者の一族だという。

実際、ダイアナ妃が亡くなる前に泊まっていたホテルの名前も、「サヴォイ(Savoy)」というようだ。偶然ではなく、こういう〝匂わせ〟のようなことを、彼らは昔からよく行っている。〝シンボルとして残す〟という話もおなじみだろう。

また、ダイアナとともに亡くなったのは映画プロデューサーであるドディ・アルファイド。ふたりの乗っていた車は、暴走して壁に激突、大破し、暗殺を目論んだ車のドライバーは、向精神薬とアルコールで精神錯乱状態にあったともいう。そし

※2　**ダイアナ妃**
イギリスの元皇太子妃。1981年チャールズ皇太子(のちのチャールズ3世)と結婚、ウィリアム、ヘンリーの二人の王子を出産し、1996年離婚が成立。1997年パリで自動車事故死。

て、麻薬やアルコールを使って、世の中の大衆コントロールの研究をしていたのが、このサヴォイ家だといわれており、点と点が繋がるのである。

▼常人とは異なる〝支配者の時間感覚〟

それにしても、秘密結社による世界支配への動きは、遥か昔から計画が進められている。「随分、時間がかかるものだ」と思ったことはないだろうか？　100年、200年の単位ではない、彼らは何千年も前から動いている。それほどの時間、裏から世界を操っているのだから、その支配はもう実現していてもおかしくはないのではないだろうか。

一般人であるわれわれが、このような疑問を抱くのも当然だ。**そこには常人と〝支配者の時間感覚〟の差があるからだ。**常人とは歴史や時間の捉え方がまったく異なるのである。

おそらく彼らには、文明の移り変わりがおよそ〝1600年周期〟だという考え方があるのではないだろうか。200年前に火の時代から土の時代に変わり、今は風の時代である。その時代ごとに支配の進め方を合わせているのではないだろうか。大きな周期で見ているからこそ、その時代に合わせたやり方を推進し、無駄に焦ることはない。もともと神秘思想の人たちだからこそのやり方だ。

強引に押し通すのではなく、じわじわと水が大地に吸収され、芽が出てやがて木になり、それが森になるように、途方もなく長い時間感覚で進めているのかもしれない。

ゆっくりやるからこそ、支配の頂点の座を奪われることなく、それを維持できるということもあるのだろう。急に推し進めればその反動がくるもの。それをよく認識しているため、彼らに焦りはないのだろう。

▼狙われた日本人の血筋

本章で扱うテーマは秘密結社だが、それはイルミナティもしくはフリーメイソンだけではないのはご存じのとおり。

フリーメイソンの基になった薔薇十字団がある。逆に、フリーメイソンから派生した秘密結社には、黄金の夜明け団などがある。

また、あのイェール大学の秘密結社としてスカル・アンド・ボーンズ。イルミナティの本部はヨーロッパだが、彼らはイルミナティの〝アメリカ支部〟のようにいわれている。

だが、当然ながら秘密結社は西洋だけの組織ではない。**注目したいのは〝世界最古の秘密結社〟とも呼ばれる日本の「八咫烏」だ。**

八咫烏には表と裏がある。表は、神道祭祀の八咫烏。**裏の八咫烏は、日本人のルー**

ツのすごさをことのほか理解している組織だ。

人類の文明は日本発祥という証拠があまりにも多すぎる。そして八咫烏は、日本が古代より追求してきた世界最古の神秘思想、儀式を極めた組織だ。その奥義を、世界の秘密結社が求めているのも当然である。

実際、ドイツの地政学者でナチ党結成に対して重要な役割を担ったカール・ハウスホーファー[※3]は、20世紀初頭に来日した際、八咫烏に伝わる『八咫烏秘記』という秘された歴史を知った。そして彼は、そのまま八咫烏に入る。八咫烏から派生した団体にも入り込んで、その思想をナチスに持っていった。

ハウスホーファーは、日本が古代イスラエルの奥義を継承していることを知り、日本がどれだけの力を持ち、どれだけ恐ろしい国かと思い知らされたという。八咫烏に真実を知らされた彼は、一度ドイツに帰国。日本がいかに強い国であるかを、ドイツ政府の要人に伝えて、日本と同盟国になる必要性を訴えた。このことが、日本とドイツの友好関係に繋がったともいわれている。

なお、ハウスホーファーは日本で勲二等瑞宝章を授与されている。これは、日本

※3　**カール・ハウスホーファー**
軍人出身のドイツの地政学者。1908年から1909年まで日本に滞在。『日本防衛の地理的基礎』『ダイニホン』『日本の地理的開発とドイツ』『日本の政治派閥』『日本帝国発展の地理的基礎方向』『日本帝国』など、日本に関する論考が目立つ。ヒトラーの顧問としてナチス外交を推進した。

の公務などに従事し、長年にわたり貢献をした人に与えられる勲章だ。それだけ日本で功労を積んだ人物という証左でもある。

八咫烏がらみで、やはりハウスホーファーと時代が重なる人物で、日本を陰で動かしていた〝裏天皇〟とも称される堀川辰吉郎がいる。裏の八咫烏のトップだったともいわれるのだが……その顔はヨーロッパ系に見える。

堀川は日本人を称してはいるが、本名はおそらく違うはずだ。そして彼は、大アジア主義者、右翼のトップでもあったという話もある。

ここからは考察だが、ひょっとすると、ロスチャイルド家のような血が入ってきているのかもしれない。日本の宗教は、さまざまな信仰を習合している。つまり、日本の歴史において他国を受け入れる際の差別意識は本来はないはずだ。どんな外国人が入り込んでこようとも、元をたどれば日本から巣立っていった五色人の一人にすぎない、という考え方だからだ。

ある意味では、そこで統合しようとしたのか、あえてそういう血を入れたのかもしれない。人種として、差別をするようなことはなかったのである。

これは、秘密結社だけに限らない。現代の社会一般でいえば、欧米の文化が入ってきている。それを受け入れ、取り込んでいるのだ。それを完全に悪いものとはいえないし、日本の文明というのはそこから発展している。

ただ、欧州の貴族から、「日本の血はすごい」と見られていたのは間違いない。すべての人種のルーツになっているため、その血をどうしても自分たちの血脈に入れたい。そうすることで、血統としての権威をもっと高めたい……そういう考え方も絶対あるはずだ。おそらく、そうしたやり取りの中で、混血を図った可能性はあるのだ。

また、堀川は大本教の出口王仁三郎と繋がりがある。〝出口の黒幕〟と目されており、ふたりが一緒に写っている写真も存在する。

出口王仁三郎の大本教も、今ではカルト宗教扱いされているが、彼もわざわざイスラエルに亡命している。これが意味するところは、外国の血を入れること、ヨーロッパの血を入れることが、完全に悪いといえないという点である。そこにあった思いは、日本を文明として、もう1回発展させたかったというものかもしれない。

それでも、日本が支配される形になってしまったのは、あなたもご存じのとおりである。裏の八咫烏もまた、乗っ取られているのかもしれない。そして……これこそ、「禁禁禁（タブー）」の最も底からわれわれを観察し手を下している、触れてはならない、触れられない禁忌中の禁忌なのかもしれない。

エピローグ

人類はなぜ、タブーを生み出したのか

禁足地、科学・発明、食、インターネット・AI、神道・皇室、政治、秘密結社。

7つのトピックにまたがって、この世のタブーを見てきてもらったが、いかがだっただろうか。

われわれの暮らしには、タブーが溢れている。

「入ってはいけない島」には立ち寄らなければいいが、「食べてはいけない添加物」を100%避けることは非常に難しい。

「便利だから」と使っているスマートスピーカーは乗っ取られているかもしれないし、知らず知らずのうちにインターネットを介して監視されているかもしれない。

神社に行けば、本来の神さまとはまったく別の神さまに祈りを捧げてしまうかもしれない。

民主的に選んでいるはずの政治家たちも、その裏に〝何か〟が潜んでいる。

タブーは、権力者が真実から目をそらさせるために使われる。

本書で切り込んだタブーも、権力者からすれば実はタブーではなく、裏の裏に本当のタブーがある、なんてことも珍しくないだろう。

タブーに踏み込んだ今、あまりの闇の深さに途方もなく、無力感を抱いてしまうかもしれない。それは、仕方のないことだ。

だが、われわれは真実を追い求めることができる。

タブーを恐れず、一人一人が疑いの目を持ち続けることで、変わることはあるはずだ。諦めることなく、タブーに屈服することなく、このタブーだらけの世をともに歩いてくれることを願う。

人類の足跡と来るべき終末

世界の謎を追求する
すべての人に捧ぐ
0・001%の支配者層が
葬り去った

シン・人類史

ウマヅラビデオ

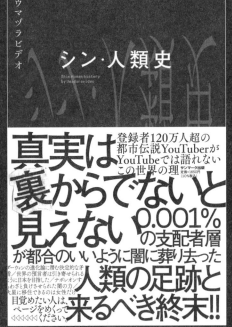

ウマヅラビデオ

都市伝説YouTuber。2011年にウマヅラがチャンネルを立ち上げ、後にべーこん、否メンディーが加入し、3人組となる。都市伝説や陰謀論、怖い話などを主に取り上げ、2019年12月には登録者数100万人を達成。2024年10月時点で、登録者数140万人、総視聴回数9億7千万回を突破しており、次世代の都市伝説ストーリーテラーとして注目を集めている。『ビートたけしの知らないニュース超常現象Xファイル SP』(テレビ朝日)出演など、活躍の場を広げている。著書に『シン・人類史』『アナザー・ジャパン』(サンマーク出版)がある。

禁禁禁(タブー)

2024年12月1日　初版印刷
2024年12月10日　初版発行

著　者　ウマヅラビデオ
発行人　黒川精一
発行所　株式会社サンマーク出版
〒169-0074
東京都新宿区北新宿2-21-1
(電)03-5348-7800
印　刷　三松堂株式会社
製　本　株式会社村上製本所

ISBN978-4-7631-4155-2　C0030
ホームページ　https://www.sunmark.co.jp